마켓4.0 그로스해킹

마켓4.0 그로스해킹-
애자일/데이터 기반으로 진화한 디지털 마케팅 가이드

초판 발행   2019년 6월 11일
지은이   김진/최정아
표지 디자인   이윤선/노지혜
내지 디자인   노지혜
오거나이저   이은지
편집 지원   정혜진/염혜경/심다은
교정 교열   윤문/김지현
펴낸 곳   마소캠퍼스
주소   서울특별시 강남구 테헤란로 242 (역삼동) 유창빌딩 9층
전자우편   book@masocampus.com
ISBN   979-11-967525-0-7 13320

이 책 내용의 일부 또는 전부를 재사용하려면 반드시 마소캠퍼스의 동의를 얻어야 합니다.
이 책은 저작권법에 의하여 보호를 받는 저작물이므로 무단전재와 배포, 무단복제 및 허가 받지 않은 2차 저작을 금합니다.

이 도서의 국립중앙도서관 출판시도서목록은 e-CIP페이지(http://www.nl.go.kr/ecip)와 국가자료공동목록시스템(http://www.nl.go.kr/kolisnet)에서 이용하실 수 있습니다. (CIP제어번호: 000)

마켓4.0 그로스해킹

김진/최정아 지음

애자일/데이터 기반으로 진화한 디지털 마케팅 가이드

GROWTH HACKING

MASO CAMPUS
Actionable Contents

머리말

복잡한 디지털 마케팅을 고객-채널-메시지 중심으로 명료하게 설명했던 베스트셀러 [디지털 마케팅 개론] 출간 이후 수 많은 독자들로부터 긍정적인 피드백이 쏟아졌다. 막연했던 디지털 마케팅의 주요 개념과 원리를 쉽게 이해했다는 말씀에 저자로서 큰 보람을 느꼈다. 이 자리를 빌려 다시 한번 감사하다.

[디지털 마케팅 개론]을 읽고 보낸 메일 말미마다 공통된 질문이 있었다. 비즈니스 성장과 매출 증대를 꾀할 구체적인 마케팅 실무 방법을 알고 싶다는 문의였다. 독자들의 끊임없는 문의로 저자는 다시 한번 펜을 들었다. 덕분에 저자의 5번째 마케팅 분야 도서인 [마켓 4.0 그로스해킹]이 세상 빛을 보게 되었다.

이 책은 디지털 마케팅, 데이터 분석 프레임워크와 분석 도구의 세부 요소를 융합해 그로스해킹 실무를 설명한다. 그로스해킹의 '폭발적인 성장'을 막연하게 생각했던 많은 분께 즉시 활용 가능한 실무 지식을 접하고 이해할 기회가 될 것이다.

○ Dave McClure의 AARRR 분석 Framework

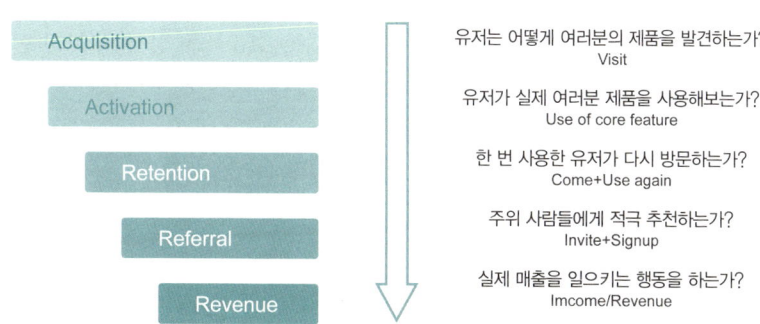

| 그로스해킹의 대표격인 AARRR 프레임워크

그로스해킹에 입문하려는 디지털 마케팅 실무자에게 가장 유용한 프레임워크는 AARRR이다. 현업에서 즉시 실행 가능한 종합 프레임워크이기 때문이다. 이 책은 AARRR을 활용해 우리 회사의 제품/서비스가 경쟁력이 있는지 객관적 데이터를 확보하고, 이를 분석하여 마케팅 실행 시점과 확산 전략을 결정할 수 있는 상세한 배경지식을 설명한 후 실무 적용 방법을 제시하는 방식으로 구성되었다.

디지털 마케팅의 중요성이 부각됨에 따라 실행 지식인 그로스해킹을 다룬 글도 많아졌다. 그러나 모두 개념적인 설명에만 치우쳐 비즈니스 현장에서 실제로 적용하고 실천할 수 있는 그로스해킹 실무 정보는 찾기 어렵다는 점이 정말 안타까웠다.

이제 이 책을 끝까지 제대로 소화한다면, 자신만의 차별화된 마케팅 아이디어를 얻는 방법부터 제품/서비스의 본질 가치를 파악하는 방법과 급속 성장을 야기하는 바이럴루프(Viral Loop)를 만들어 내는 그로스해킹 전략의 면면을 속속들이 터득하게 될 것이다.

   이제 남은 것은 여러분의 성공에 대한 굳건한 믿음과 의지, 철저한 실행 뿐이다.

   온 마음으로 여러분의 성공을 바란다.

- 한국 송도에서 김 진

목차

머리말   4

CHAPTER 01 그로스해킹의 이해   9
그로스해킹이란?
그로스해킹의 목표
그로스해킹의 수단

CHAPTER 02 그로스해킹 프레임워크   33
Product-Market Fit
그로스해킹 분석 모델 설계
그로스해킹 분석 도구
그로스해킹 분석 모델

CHAPTER 03 고객 획득 단계 분석 - ACQUISITION   87
알짜배기 고객 찾기
Message-Market Fit
고객 유입 채널 알아보기
업계 평균 수치의 활용
경쟁자와 비교하기
중장기적 추세 판단

CHAPTER 04 ACTIVATION/RETENTION 분석: 절대 가치 마케팅   117
활성화/유지 전략의 기본 방향
코호트 분석으로 이탈 포인트 찾기
A/B 테스트로 개선 방안 찾기
이벤트 트래킹과 구글 태그매니저

CHAPTER 05 REFERRAL 분석: 입소문 마케팅   157
바이럴루프 전략의 기본 방향
감정을 이용한 입소문 전략
인센티브를 이용한 입소문 전략
인플루언서를 이용한 입소문 전략
바이럴 요소의 내재화 전략
추천 분석을 위한 다면적 소셜 분석 도구

CHAPTER 06 REVENUE 분석: 매출 증대   193
매출 증대 전략의 기본 방향
리타겟팅으로 고객 획득 비용 낮추기
퍼널 분석으로 이탈률 낮추기
ARPU(객단가) 높이기
VIP 고객은 어디에서 오는가?

CHAPTER 07 알아두면 편리한 그로스해킹 도구   215

# CHAPTER 01 그로스해킹의 이해

— CHAPTER —
01

그로스해킹의 이해

2010년의 어느 날, 부모님께 커다란 집을 물려받은 제임스는 민박을 운영해볼까 하고 크레이그리스트(www.craiglist.com)를 뒤적거렸다. 혼자 살기에는 너무 크고 휑한 집이지만, 돌아가신 부모님과 어린 시절 추억이 깃든 집을 팔기는 싫었기 때문이다. 크레이그리스트는 민박뿐만 아니라 중고 제품이나 일일 아르바이트 등 다양한 품목을 개인이 게시판에 올려 사고파는 직거래 커뮤니티이다. 민박을 운영하는 제임스가 소정의 수수료를 내고 숙박 정보를 등록해두면, 크레이그리스트를 이용하는 많은 회원이 여행 및 출장 시 잠시 머물 숙소를 구할 때 게시판을 검색해 제임스의 민박을 찾아낼 수 있다. 숙소 소개가 마음에 들면 적혀 있는 번호로 전화를 걸어 개인적으로 숙박을 예약하고 방문해서 이용할 수 있는 시스템이다. 제임스로서는 게시판에 올릴 때 내는 돈이 아깝기는 하지만, 크레이그리스트의 회원이 워낙 많으니 민박을 운영하려면 어쩔 수 없이 크레이그리스트를 이용해야 했다.

그런데 얼마 전 동창회에서 만난 친구 찰리가 놀라운 뉴스를 전해줬다. 에어비앤비(Airbnb)라는 곳에 민박 정보를 등록하면 크레이그리스트에도 한꺼번에 공짜로 올라간다는 것이다! 귀가 솔깃한 제임스는 집에 오자마자 에어비앤비 사이트에 접속했다. 온갖 제품을 다 팔아 도떼기시장처럼 복잡한 크레이그리스트와 달리 숙박 정보에 특화된 깔끔한 디자인의 에어비앤비는 첫인상부터 마음에 들었다. 게다가 에어비앤비에만 올리면 돈 안 내도 크레이그리스트까지 민박이 등록된다니 마다할 이유가 없었다.

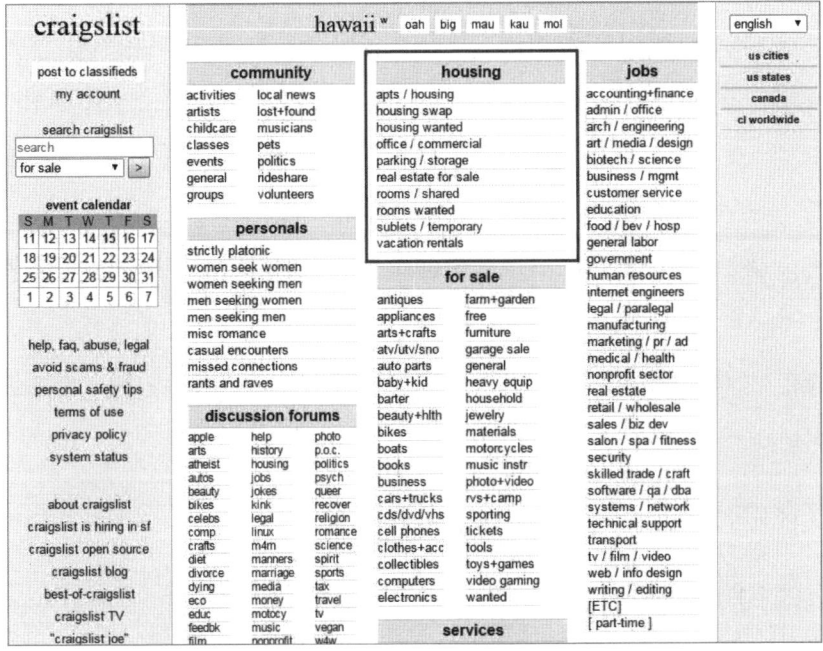

| 복잡하기 그지없었던 크레이그리스트의 메뉴 구조

수요와 공급을 연결하는 플랫폼 기업이 강세다. 사람과 사람을 잇는 페이스북이나 인스타그램 등은 친구들이 올리는 소식을 보려 접속하는 유저에게 광고를 게재하여 돈을 번다. 구글에게 천문학적 광고 수익을 안겨주는 유튜브도, 아마존, 애플, 페이스북, 우버 등도 콘텐츠나 서비스의 공급과 수요를 이어주는 시장을 형성하고 운영함으로써 돈을 번다. 수요자와 공급자를 한자리에 모으려면 누구를 먼저 잡아야 할까? 공급이 많으면 좋은 제품을 고르기 쉬워지므로 수요자가 모여든다. 공급자는 빨리 매출을 내기 위해 수요가

많은 곳을 찾아다닌다. 닭이 먼저냐 달걀이 먼저냐의 관계지만 수요와 공급이 맞물려 돌아가 선순환을 일으키려면 처음부터 양측 모두 참여할 강력한 유인을 만들어줘야 한다. 플랫폼 기업이 막대한 초기 자본을 필요로 하는 이유일 뿐만 아니라 쉽사리 성공 못하는 원인이기도 하다.

에어비앤비는 이 골치 아픈 문제를 멋지게 해결한 몇 안 되는 기업 중 하나다. 익히 알다시피 에어비앤비는 숙소를 찾는 여행객과 호스트를 이어주고 수수료 수익을 올린다. 고를 수 있는 숙소가 많아야 검색할 사람도 많아진다. 호스트 입장에서는 에어비앤비를 통한 예약이 많아야 등록할 이유도 생기는 전형적인 양면시장[1] 플랫폼 기업이다. 에어비앤비 초창기인 2009년 전후에는 민박 거래가 주로 크레이그리스트에서 이뤄졌다. 민박 주인은 사람 많은 크레이그리스트에 게시물을 올릴 수밖에 없고 손님이 들지 않으면 등록비는 고스란히 손해를 봐야 했다.

에어비앤비는 이 틈을 파고들었다. 일단 숙박 공유 전용으로 심플하고 편리한 인터페이스를 채택했다. 크레이그리스트의 게시판은 별의별 품목 거래로 어중간한 모양새였다. 오랫동안 크레이그리스트를 이용한 회원은 적응했지만 불편한 구조였다. 단순히 숙소를 제공하거나 구하려고 크레이그리스트에 온 사람이라면 UI 편의성에서 주저 없이 에어비앤비의 손을 들 수밖에 없었다.

내부 정비를 마친 에어비앤비는 다양한 부가 서비스를 제공했다. 가장 획기적인 건 [크레이그리스트에 올리기] 버튼이다. 호스트가 에어비앤비에 숙

---

1. 양면시장(Two-Sided Market). 소비자가 일상적으로 접하는 시장을 단면시장(One-Sided Market)이라고 부르며 단면시장에서는 판매자가 구매자만을 직접 상대한다. 반면, 양면시장은 하나의 기업이 판매자와 구매자 간의 플랫폼 같은 연결고리 역할을 해서 거래가 이루어지는 시장으로 아마존(Amazon)이 대표적이다. 아마존(Amazon)은 물건 공급자와 일반 소비자 양쪽을 성장을 위한 핵심 고객으로 다룬다.

소 정보를 올리고 버튼을 클릭하면 크레이그리스트에도 게시되었다. 글을 두 번 쓸 필요 없으니 얼마나 편리한가? 게다가 에어비앤비의 [크레이그리스트에 올리기]를 활용하면 등록비를 내지 않아도 되었다. 민박 주인들을 대신해 에어비앤비가 크레이그리스트 계정을 만들어 숙소 정보를 올려 주었기 때문이다. 호스트는 그저 버튼 한 번만 누르면 되었다.

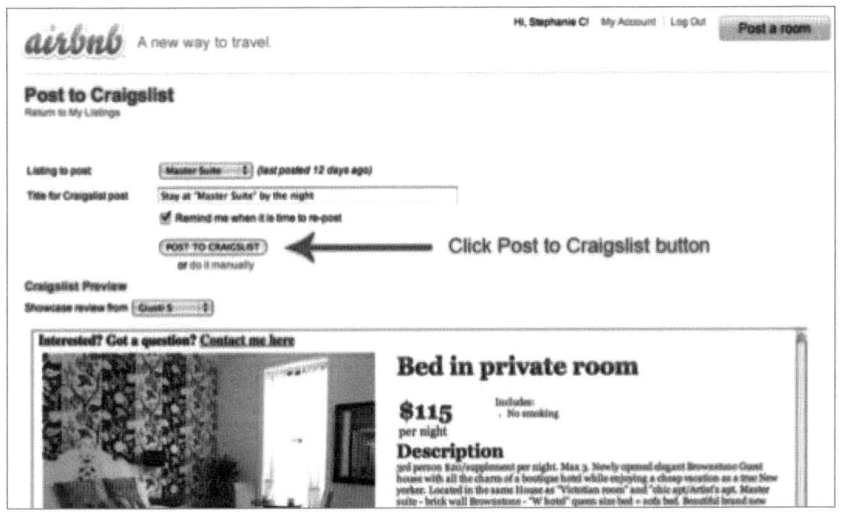

| 클릭 한 번으로 크레이그리스트에도 올리기 – Airbnb

간결하고 편리한 UI에, 클릭 한 번이면 크레이그리스트에도 게시물이 올라가고, 수수료마저 공짜라니! 너도나도 앞다투어 에어비앤비에 숙박 정보를 등록했다. 금세 에어비앤비는 크레이그리스트를 제치고 가장 많은 민박이 등록된 최대 공급 플랫폼으로 올라섰다. 여행하며 머물 곳을 어디에서 검색하게 되었을까? 두말할 필요 없이 에어비앤비이다. 연간 부킹이 80만 건이 될 때까지 에어비앤비의 중심 전략은 크레이그리스트에도 올리기 기능이었다.

1. 그로스해킹의 이해

주목할 점은 에어비앤비의 연결은 크레이그리스트가 API를 허용하지 않은 편법이었다는 사실이다. 아무도 상상 못한 기술 기반 마케팅으로 에어비앤비는 단숨에 크레이그리스트 회원들을 흡수했고, 이 전략이 오늘날 세계 최대 숙박 공유 플랫폼의 초석을 놓았다.

| 에어비앤비의 이메일 "크레이그리스트에 리포스팅해서 월 500달러 이익을 얻으세요!"

그로스해킹(Growth-hacking)이라는 말은 크레이그리스트가 제공한 적 없는 기능을 에어비앤비가 해킹(hacking)하여 폭발적인 성장(growth)을 이뤄낸 일화에서 유래되었다. 마케팅 전문가인 션 앨리스는 에어비앤비뿐만 아니라 핫메일, 드랍박스 등 극적인 성장을 이룬 여러 회사의 사례를 검토하던 중 공통점을 발견했다. 상황도, 시기도, 주력 상품도 달랐지만 모두 초창기에는 일반 상식을 뛰어넘는 편법을 동원했다. 션 앨리스는 이를 그로스해킹이라 불렀다.

그로스해킹의 사례는 매우 많다. 이메일 하단 문구 하나로 성공한 핫메일이나 Space race 프로젝트로 이용자를 늘린 드랍박스 등 '어떻게 저런 번득이는 생각을 해냈을까' 싶은 흥미로운 이야기가 가득하다. 그런데 그로스해킹이란 몇몇 톡톡 튀는 천재들의 반칙 플레이로만 가능한 것인가? 평범한 사람은 그로스해킹의 성장 동력을 인위적으로 만들어낼 수는 없는 걸까?

그로스해킹을 이루려면 제품이 좋아야 하고, 시장과 소비자의 흐름을 놓치지 않는 마케팅 노력이 필요하다. 누구나 아는 사실이다. 구체적으로는 어떻게 해야 하는가? 성공 사례를 접하다 보면 일련의 과정이 영화처럼 극적으로 느껴지기 쉽지만, 실제는 정교하게 설계된 실험을 꾸준히 반복하고 개선하는 노력이 필요하다. 오늘날 뉴턴이 사과 하나로 만유인력을 발견하고, 아르키메데스가 목욕 한 번으로 유레카를 외쳤다고 생각하는 사람은 없다. 마찬가지로 크레이그리스트의 틈을 파고들기까지 에어비앤비는 데이터 분석과 실험에 엄청난 노력을 들였으며, 그 노력은 지금도 계속되고 있다.

그로스해킹을 해내려면 과학적이고 논리적으로 소비자가 원하는 것을 파악하는 실험 설계와 데이터를 토대로 인사이트를 얻어 해석하며, 가설과 테스트의 결과를 발판 삼아 어떤 전략을 설계하고 실행하는 것이 중요하다. 반복되는 지난한 과정을 최대한 민첩하게 꾸준히 행할 때 비로소 그로스해킹을 이룰 수 있다. 이를 체계적으로 정리하여 따라 하고 싶은 기업을 위해 다양한 그로스해킹 모델과 방법론이 정립되어 있다. 우리는 이 책에서 지금까지 정리된 그로스해킹의 개념과 이론, 실행 기법을 마케팅 측면에서 차근차근 짚어 보려 한다.

그로스해킹이란?

그로스해킹을 처음 주창한 션 앨리스(Sean Ellis)는 그로스해커를 "a person whose true north is growth. Everything they do is scrutinized by its potential impact on scalable growth." 표현처럼 '오직 성장만을 지향하는 사람'이라 정의하였다. 이후 앤드류 첸, 아론 긴 등 여러 전문가 논의를 거치면서 다음과 같이 정리되었다.

> 제품을 판매하거나 (소비자에게) 노출하기 위하여 창의성, 분석적 사고, 그리고 소셜 매트릭스를 활용하는 기술 스타트업에 의해 개발된 마케팅 기술
>
> "Marketing technique developed by technology startups which uses creativity, analytical thinking, and social metrics to sell products and gain exposure."

그로스해킹은 앞서 말한 에어비앤비나 핫메일, 우버, 링크드인, 페이스북, 구글, 아마존, 드랍박스 등 여러 기술 스타트업의 폭발적 성장 사례에서 발견되었다. 제품을 판매하거나 많이 노출하기 위해 고객의 취향을 파악하고, 더 효과적으로 고객에게 접근하는 마케팅적인 성과를 이뤘다. 이때 창의성과 분석적 사고, 소셜 매트릭스라는 3가지 요소를 주로 활용한다.

결국 그로스해킹이란 정보(데이터 분석)를 이용해 사업 성공에 기여하는 의미 있는 유저나 트래픽, 매출을 일으키는 행위라 할 수 있다. 과거에는 더 많은 사람에게 제품을 노출하려면 비례적으로 상응하는 비용이 투입되어야

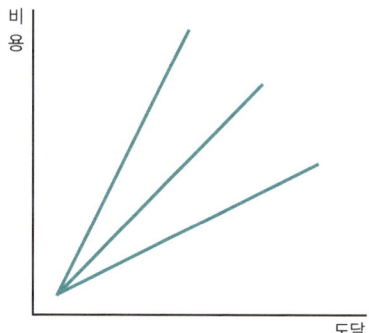

했다. 상황에 따라 도달당 단위 비용이 작아져 성과곡선의 기울기가 달라질 수는 있지만, 도달량과 비용의 선형적 증가 관계는 변함없었다.

이와 달리 그로스해킹은 도달 비용을 획기적으로 줄일 수 있는 기술은 없는가를 끊임없이 고민하는 사고방식이다. 티핑 포인트(tipping point)를 뚫고 나가면 도달량이 늘어날수록 단위 비용이 급격히 적어져 0에 수렴하는 현상을 적극 활용하려는 태도이다. 그래서 이러한 지수곡선을 다른 말로 그로스해킹 곡선이라 부르기도 한다.

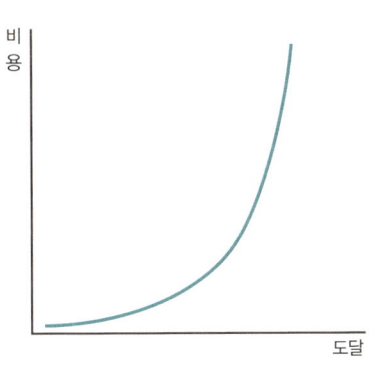

그로스해킹 성과 곡선을 그리려면 항상 초심자의 자세로 사고하고 행동해야 한다. 이름 그대로 그로스해킹은 고루한 사고방식과 과거의 경험에서 탈피해 창의적인 생각을 해내야 가능하다. 당연시되던 것들에 "꼭 그래야 하는가? 더 나은 방법은 없나?"라는 의문을 제기할 때 새로운 길이 보인다.

다만 이 길은 현실에 뿌리내리고 있다. 갓 입사한 새내기 직원이 몹시 새롭고, 번득이며, 구미가 당기는 아이디어를 쏟아내는 걸 종종 볼 수 있다. 드라마처럼 참신한 아이디어를 열정적으로 발표하면 회사 중역이 감동하고 모험을 감행해 큰 성공을 거두는 미래를 꿈꾸며 눈을 빛낸다. 그러나 진짜 초심자의 기대와 달리 기업은 결코 영화나 드라마처럼 굴러갈 수 없다. 수많은 직원의 밥그릇이 달렸고, 시장 여건은 신입사원의 생각보다 훨씬 복잡하며, 실행은 언제나 기획보다 어렵고 중요한 법이다.

좋은 아이디어가 단순한 생각에 그치지 않고 그로스해킹으로 이어지려면 모든 것이 데이터로 시작해서 데이터로 끝나야 한다. 아무도 가지 않은 길,

누구도 결과를 확신할 수 없는 도전에 임하려면 구성원의 동의를 얻기 위해서든 한 두 사람의 천부적인 감(feeling)에 의한 오류에 빠지지 않기 위해서든 인사이트를 검증하는 데이터가 꼭 필요하다. 그로스해킹의 창의성이란 누군가의 머릿속에서 그려지는 상상의 시장이 아니라 고객의 실제 행동을 토대로 한 발상의 전환을 가리킴을 잊지 말자.

이러한 그로스해킹을 통한 성장은 시간이 지날수록 필연적으로 약해질 수밖에 없다는 점도 기억해야 한다. 그로스해킹이란 전통적인 마케팅에 기술 요소를 더하여 검증할 수 있고, 추적 가능하며, 확장 가능한 방법을 써서 매우 낮은 예산으로 더욱 높은 성장을 도모하는 노력이다. 이러한 검증 및 추적 가능성, 객관적 데이터에 기반한 논리적 의사 결정은 일단 실현되어 눈에 보이는 결과를 내는 순간부터 끊임없이 후발주자의 추격을 받는다. 또한 자칫 성공에 취한 구성원이 매너리즘에 빠질 수 있고, 고객이 느꼈던 신선한 첫인상이 흐릿해지면서 마케팅 성과 또한 약해질 수 있다. 그러므로 그로스해킹을 단순히 일회성 전략이나 단발성 이벤트, 번득이고 재치있는 아이디어 한두 개로 여겨서는 안 된다. 계속해서 현 상황을 검토하고, 데이터를 축적 및 분석하여 개선 요소를 찾아내는 태도가 바로 그로스해킹의 핵심이다.

> 그로스해킹은 단순한 마케팅 도구가 아니라 마음가짐의 문제이다. 마케팅부터 개발, 운영 등 회사 전 부서가 그로스해킹을 실천해야 한다.
> – 미국 엑셀러레이터 '부트스트랩 랩스'의 대표 벤 레비

그로스해킹의 목표

무엇을 그로스해킹의 목표로 삼아야 하는가에 제약은 없다. 더 많은 고객을 확보하거나 광고 효과를 늘리거나 제품 디자인을 업그레이드하거나 자본을 확충하고 납품처를 늘리는 등 사업 성장을 위한 것이라면 무엇이든 목표로 삼을 수 있다. 지난 10년간은 주로 매출/노출 극대화와 서비스 성장이라는 2가지 관점으로 그로스해킹 방법론이 정리되어 왔다.

 서비스의 성장을 목표로 하는 그로스해킹은 성장 모델의 파악과 성장 로드맵의 설계 등 상위 개념에 집중한다. 고객이 일상적으로 서비스를 이용하는가와 능동적으로 서비스를 찾아 나서는가를 기준으로 각 분야별로 어느 정도의 성공을 기대할 수 있는가를 파악하고, 서비스의 특징에 맞는 성장 전략을 세우는 것이다. 이를 위한 비용과 상한선을 종합적으로 고려하기 위해 그로스해킹 방법론을 활용할 수 있다. 보다 실용적인 관점으로 UX 디자인 또는 마케팅 분야에서 매출 및 노출 극대화를 위한 방법으로 A/B 테스트 등의 그로스해킹 기법을 활용한다. 이 책은 적은 비용으로 매출과 노출을 늘리려면 어떻게 해야 하는지 현실적인 마케팅 기법을 중점적으로 설명한다.

그로스해킹의 수단

그로스해킹은 창의성(Creativity), 분석적 사고(Analytical thinking), 소셜 매트릭스(social metrics)의 3가지를 활용해 성장을 도모하는 전략이다. 사람들의 행동과 양태에 대한 현실적인 데이터 없이 단순히 기발한 아이디어만 내놓는다고 해서 그로스해킹이 되지는 않는다. 또한 새로울 것 없이 기존의 관행을 되풀이하며 분석을 위한 분석만 거듭해도 불가능하다. 모든 아이디어와 데이터 분석은 실재하는 고객의 행동을 면밀히 관찰하고 틈새를 파고드는 창의적인 가설을 세워 끊임없이 도전하면서 발전되어 나가야 한다.

창의성

2017년 미국 텍사스에서 있었던 일이다. 어느 날 6살 꼬맹이가 아마존 에코의 알렉사에게 말했다. "알렉사 나한테 인형의 집을 사 줘." 알렉사는 덜컥 아마존 쇼핑몰에 인형의 집과 쿠키를 주문하고 결제까지 일사천리로 끝내 버렸다. 며칠 후 배달된 택배를 보고 아이의 부모는 아연실색했다.

웃고 넘길 뻔한 이 사건은 샌디에이고 아침 뉴스에 보도되면서 일파만파 커지고 말았다. 뉴스 앵커가 아이가 했던 말을 그대로 방송에서 인용한 것이다. "Alexa ordered me a dollhouse."라는 앵커의 말이 끝나자마자 TV를

| 알렉사의 대량 주문 사고를 일으킨 문제의 뉴스 - youtu.be/ol2KLlULjXc

보고 있던 수많은 집의 알렉사가 앵커의 말을 주인의 쇼핑 명령으로 착각해 일제히 인형의 집을 주문해버렸다. 며칠 후 집 앞에 도착한 인형의 집에 샌디에이고 주민들은 까무러칠 듯 놀랐다. 무려 7,000만 달러에 달하는 엄청난 물량이었지만 아마존은 과감히 모두 환불 조치해주며 이 사건은 훈훈하게 마무리되는 듯했다.

같은 해 버거킹은 미국 전역에 기발한 TV 광고를 내보낸다. 말끔한 인상의 버거킹 직원이 등장해 말한다. "15초 만에 와퍼 버거의 신선한 재료에 대해 설명하는 건 불가능하죠! 저한테 좋은 생각이 있습니다. OK, 구글! 와퍼 버거가 뭐지?" TV 광고에서 흘러나오는 시동 명령어(OK, 구글!)를 들은 구글홈은 어떤 반응을 보였을까? 버거킹이 의도한 대로 수많은 미국 가정에 설치된 구글홈이 일제히 위키피디아에 등록된 와퍼 버거 설명을 줄줄 읊어 대기 시작했다.[2]

| 구글홈에게 와퍼 설명을 읊게 만든 문제의 버거킹 TV광고

---

[2] 위키피디아는 누구나 자유롭게 글을 쓸 수 있는 사용자 참여 온라인 백과사전이다. 구글홈을 이용한 버거킹의 와퍼 광고 론칭을 앞두고 버거킹 마케팅 책임자가 위키피디아의 와퍼 관련 설명을 편집한 정황이 발견되기도 하였다.

버거킹 광고가 논란이 되자 구글과 위키피디아는 곧바로 조치에 나섰다. 구글홈이 버거킹 광고의 요청에 응답하지 않도록 제어를 시도한 것이다. 구글은 원치 않는 사운드 클립에 버거킹 광고의 목소리를 등록하였으며, 위키피디아 역시 텍스트 편집에 관리자 승인이 필요하도록 조치했다. 긴급 조치에 한숨 돌리는 구글을 놀리듯 다음 날 버거킹은 해당 CF의 음성 클립을 다른 사람의 대사로 교체하며 악동 노릇을 톡톡히 했다.

AI 스피커의 음성 명령 착각을 절묘하게 활용한 버거킹의 시도는 흥미롭고 기발한 그로스해킹의 전형적인 사례로 남게 되었다. 이처럼 그로스해킹의 창의성이란 한 마디로 발상의 전환이다. 누구나 당연하다고 여기던 방식을 벗어나 때로는 반칙에 가까운 해킹(hacking)을 시도하는 것이다.

| 조조타운이 개발하여 0엔에 판매하는 조조슈트

그로스해킹의 기술 기반 창의성 사례는 많다. 일본 e커머스 시장의 3위로 연매출 3조 원을 기록한 조조타운(zozo.jp)도 그 중 하나다. 조조타운은 2017년 11월 자체 개발한 특수 의상 조조슈트를 무료 배포하기 시작했다.

인터넷 의류 쇼핑의 가장 큰 문제는 사이즈가 제각각이라는 점이다. 똑같이 100호라도 어깨너비, 소매통, 팔 길이 등이 천차만별이라 온라인으로 옷을 사면 종종 제대로 입지 못하기도 한다. 조조슈트는 이 문제를 해결한 혁신적인 제품이다. 전신형 슈트에 15,000개 센서가 촘촘히 박혀 있어 한 번만 입으면 어깨너비, 허리둘레, 소매 길이, 목둘레, 허벅지 둘레, 다리 길이 등 24개 주요 신체 사이즈가 단 5초 만에 측정된다. 슈트를 스마트폰과 연결하면 측정 결과를 조조타운 앱으로 전송해 몸에 딱 맞는 옷을 추천해준다. 살이 찌거나 빠져 신체 사이즈가 달라지면 슈트를 입고 재측정하면 되니 편리하기 그지없는 상품이다. 게다가 공짜다! 배송료 200엔(약 2,000원)만 내면 받을 수 있다. 일본 인기그룹 SMAP의 초난강이 입으면서 홍보한 조조슈트는 발매되자마자 수십만 건 예약이 몰려들며 유명세를 치르기도 하였다.

조조타운은 왜 이 슈트를 공짜로 주는 걸까? 정확한 신체 치수 측정은 옷 판매의 첫걸음이기 때문이다. 앱으로 전송된 슈트의 측정 결과는 조조타운의 맞춤형 브랜

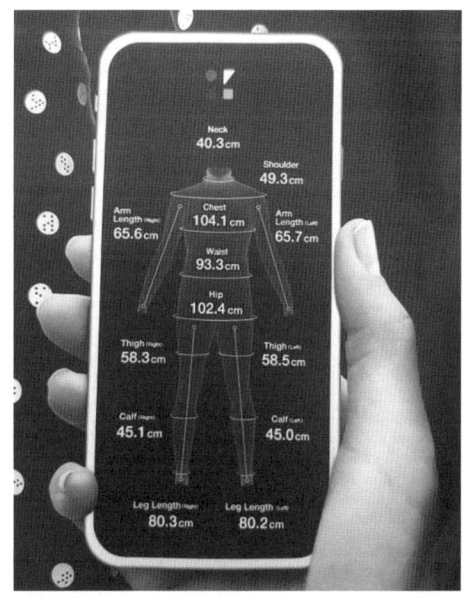

| 조조슈트를 입고 앱으로 전송하면 내 몸에 딱 맞는 옷을 추천해준다.

드인 조조(ZoZo)와 연결되어 체형에 맞는 티셔츠와 청바지를 바로 살 수 있게 해준다. 조조는 주문이 들어오면 제작하는 JIT 시스템(무재고 생산 방식)을 채택함으로써 재고관리 비용이 없고, 사이즈에 딱 맞게 만듦으로 낭비되는 원단이 없으며, 사이즈가 안 맞아 발생하는 고객문의나 오프라인 직원이 필요 없으므로 이익률이 높다. 조조슈트의 체형 데이터 덕분에 조조타운의 판매 방식은 코디네이터가 5~10벌의 옷을 골라 보내주면 고객이 마음에 드는 옷만 골라 결제하고 나머지는 수수료 없이 반품하는 큐레이션 판매로 진일보하였다.

버거킹이나 조조타운 외에도 창의성을 바탕으로 한 사례는 무척 많다. 다양한 성공 사례는 우리에게 좋은 인사이트를 심어주고, 그로스해킹의 개념과 핵심을 파악하는 데 큰 도움이 된다. 그러나 창의성이란 기존 시각을 뒤집는 것이다. 앞선 사례가 만들어지면 더 이상 창의적이랄 수 없다. 우리가 아무리 많은 창의적인 그로스해킹 사례를 공부해도 똑같이 따라 하는 순간 진부하게 변해버리며, 누구나 따라 할 수 있는 평범한 것이 되고 만다. 그러므로 이 창의성이란 책이나 강의로 배울 수 있는 게 아니다. 그저 모든 일에 새로운 시각을 갖고 다각도로 생각해보라는 것, 익숙한 것을 거꾸로 뒤집어 보며, 시장과 고객의 삶을 따뜻한 시선으로 끊임없이 관찰하는 태도를 가지라 조언할 수 있을 뿐이다.

분석적 사고

규격화하기 어려운 창의성과 달리 분석적 사고는 배운다면 누구나 따라 할 수 있다. 그로스해킹은 기술적 해킹을 통해 보다 빠르게 고객을 확보하고 잡아두는 방법론이다. ICT 기술과 데이터를 활용해 고객의 행동을 변화시킬 수 있는 가설을 세우고, 과거 아날로그 시대보다 빠르고 정확하게 데이터에 기반해 검증한 다음 실행한다. 흔히 애자일[3], 린스타트업[4]이라고도 부르는 이 방법은 단시간 내에 MVP(최소요건제품)[5]를 만들고 A/B 테스트를 실행해 최적값을 찾아내는 방법이다. 가설을 재빠르게 검증하고 수정하는 것, 검증된 가설을 신속히 실행하는 것이 중요하다.

2008년 미국 대선 당시 버락 오바마 선거 캠프에는 약 200명의 데이터 사이언티스트와 18명의 이메일 담당자가 있었다. 오바마 전 대통령은 온라인 모금 자금 6억 9천만 달러의 대부분을 이메일로 얻었다. 효과적인 모금을 위해 오바마 캠프 이메일 담당팀은 흥미로운 실험을 했다. "헤이(Hey)"나 "바꿉시다(Change)" 등 다양한 제목의 메일을 발송한 것이다. 가장 전환율이 높았던 메일 제목은 친근한 관계에 흔히 쓰는 "Hey, It's me, Barack"이었다. 가장 많은 자금을 모은 메일은 "곧 돈이 떨어집니다(I will be outspent)."였다. 6월에 경쟁후보였던 롬니가 오바마보다 훨씬 많은 선거자금을 확보했다는 뉴스가 나오던 때에 오바마와 민주당 지지자들에게 발송되었다. 모금액이 부족하다는 메시지는 여타 이메일에 비해 17배나 많은 260억 달러를 벌어들였다.

---

3. Agile. 빠른 성과 도출을 목표로 실행 후 피드백을 적극 반영하여 완성도를 높여 나가는 소프트웨어 개발 방법론이다.
4. Lean Startup. 제조-측정-학습의 과정을 반복하면서 꾸준히 혁신해나가는 방법. 기업의 아이디어를 빠르게 시제품으로 제조한 뒤 시장 반응을 통해 다음 제품 개선에 반영하는 경영 전략이다.
5. Minium Viable Product. 최소의 노력과 개발 노력으로 완성할 수 있는 상태의 제품. 최소의 기능만으로 소비자의 니즈를 충족하는 것을 말한다.

THE SUBJECT LINE The team tested numerous subject lines by sending fundraising e-mails to small groups of supporters	THE HAUL Based on the donations those e-mails raised, the team projected how much the pitches would bring in if sent to the full Obama list	THE DIFFERENCE They then projected how much less money the campaign would collect if they used anything other than the most successful e-mail
I will be outspent **THE WINNER!**	$2,540,866	n/a
Some scary numbers	$1,941,379	$599,487
If you believe in what we're doing...	$911,806	$1,629,060
Last call: Join Michelle and me	$894,644	$1,646,222
Would love to meet you	$755,425	$1,785,441
Do this for Michelle	$714,147	$1,826,719
Change	$711,543	$1,829,323
The most popular Obama	$659,554	$1,881,312
Michelle time	$604,813	$1,936,053
Deadline: Join Michelle and me	$604,517	$1,936,349
Thankful every day	$545,486	$1,995,380
The one thing the polls got right...	$403,603	$2,137,263

The winning subject line wound up exceeding the projections. It raised **$2,673,278**

Subject: I will be outspent

Friend --

I will be the first president in modern history to be outspent in his re-election campaign, if things continue as they have so far.

I'm not just talking about the super PACs and anonymous outside groups -- I'm talking about the Romney campaign itself. Those outside groups just add even more to the underlying problem.

The Romney campaign raises more than we do, and the math isn't hard to understand: Through the primaries, we raised almost three-quarters of our money from donors giving less than $1,000, while Mitt Romney's campaign raised more than three-quarters of its money from individuals giving $1,000 or more.

And, again, that's not including the massive outside spending by super PACs and front groups funneling up to an additional billion dollars into ads trashing me, you, and everything we believe in.

We can be outspent and still win -- but we can't be outspent 10 to 1 and still win.

More than 2.2 million Americans have already chipped in for us, and I'm so grateful for it. As we face this week's fundraising deadline, can you make a donation of $3 or more today?

... make today automatically enters you to join this ... ... last grassroots dinners of ... ... get your name in.

| 2008년 미국 대통령 선거 당시 오바마 캠프의 이메일 제목별 모금액 – Bloomberg.com(2012)

    이메일 제목을 정하는 과정에는 A/B 테스트가 활용되었다. 이메일을 보낼 표본집단을 뽑고 임의로 뒤섞어 A와 B 두 집단으로 나눈다. A 그룹에게는 "Hey"라는 제목으로, B 그룹에게는 "Change"라는 제목으로 이메일을 보낸다. 두 집단의 이메일 오픈율과 클릭률, 최종 기부액을 측정하여 더 나은 성과를 보인 제목으로 모든 기부대상자에게 이메일을 보낸다. 통상적으로 A와 B의 두 그룹으로 나눠 가설을 검증하기 때문에 A/B 테스트라 한다. 수차

례 A/B 테스트를 통해 어떤 제목으로, 어느 정도 금액을 요청하고, 어떤 형식을 취해야 더 많은 후원금을 모을 수 있는지 파악한 오바마 캠프의 사례는 지금도 그로스해킹의 대표 사례로 손꼽힌다.

느낌이 아닌 데이터를 바탕으로 선택한 안은 선거캠프 운동원들을 설득하기에도 쉽고 조직의 일사불란한 실행을 이끌어 내기도 쉽다. 이메일의 성공을 바탕으로 오바마 캠프는 대표 이미지, 버튼 문구 등 웹사이트에서도 500여 건의 A/B 테스트를 진행하여 기부 전환율을 49%, 이메일 수집률을 161%나 높였다. 기부하기 버튼의 문구를 비회원에게는 "Donate and Get a gift"(기부율 +15.2%), 기부한 적 없는 회원에게는 "Please Donate"(+27.8%), 기부한 적 있는 회원에게는 "Donate"(+18.4%)로 하는 것이 가장 효과적임을 확인하기도 했다.

| 오른쪽 이미지가 19% 높은 기부전환율을 보였다. – miracle.mk.co.kr(2017)

분석적 사고는 단순히 이메일 제목 바꾸고, 버튼 문구 정하는 데만 위력을 발휘하지 않는다. 전 세계 다섯 손가락 안에 꼽히는 소셜미디어 인스타그램은 데이터에 근거한 분석적 사고로 비즈니스 모델마저 바꿔 버린 사례로 유명하다. 구글 출신 사업가 케빈 시스트롬과 동업자 마이크 크리거는 창업 초기부터 50만 달러의 초기 투자를 받아 "버븐(Burbn)" 앱을 선보였다. 버븐은 위치 공유 SNS였다. 자기가 있는 장소의 사진, 체크인, 스케쥴링, 메모 등을 친구와 공유할 수 있었지만, 지나치게 복잡하고 자잘한 기능이 많아 시장 반응은 시큰둥했다.

고민에 빠진 케빈 시스트롬은 버븐 앱의 각 기능별 사용자 트래픽을 면밀히 분석하였다. 많은 사람들이 현재 위치를 공유하기보다는 거기에서 촬영한 사진을 올리는 걸 좋아한다는 사실을 깨달았다. 과감한 결단을 내린 케빈과 마이크는 버븐의 사진 공유 기능만으로 새로운 앱을 만들었다. 8주 만에 뚝딱 만들어진 이 앱이 바로 인스타그램이다. 인스타그램은 출시 일주일 만에 10만 명이 가입하고, 18개월 만에 페이스북에 10억 달러(약 1조 1,400억 원)로 매각되었다. 이러한 성공은 회사가 원하는 서비스가 아닌 고객이 원하는 서비스가 무엇인지 살펴 비즈니스 모델로 전환함으로써 가능했다. 데이터에 기반한 정확한 고객 수요 파악과 신속한 A/B 테스트를 통한 개선안의 검증 및 의사 결정이 그로스해킹이 말하는 분석적 사고이다.

소셜 매트릭스

급속 성장을 추구하는 그로스해킹은 소셜 매트릭스(social metrics: 사회적 관계망)를 통해 제품과 서비스를 널리 알리는 걸 중시한다. 노출에 비례하는 비용을 지불해야 했던 전통적 마케팅과 달리 바이럴루프(Viral Loop)를 활용해 단위 비용을 0에 수렴시킨다.

바이럴루프란 소비자가 다른 소비자를 끌어들이는 선순환 고리를 의미한다. 제품을 사용한 소비자가 다른 사람에게 공유하고(SR: 공유율), 이를 본 사람들 중 일부가 클릭하여(CR: 클릭률) 새로운 회원이 되어 또 다른 사람에게 공유하면 바이럴루프가 생성된다.

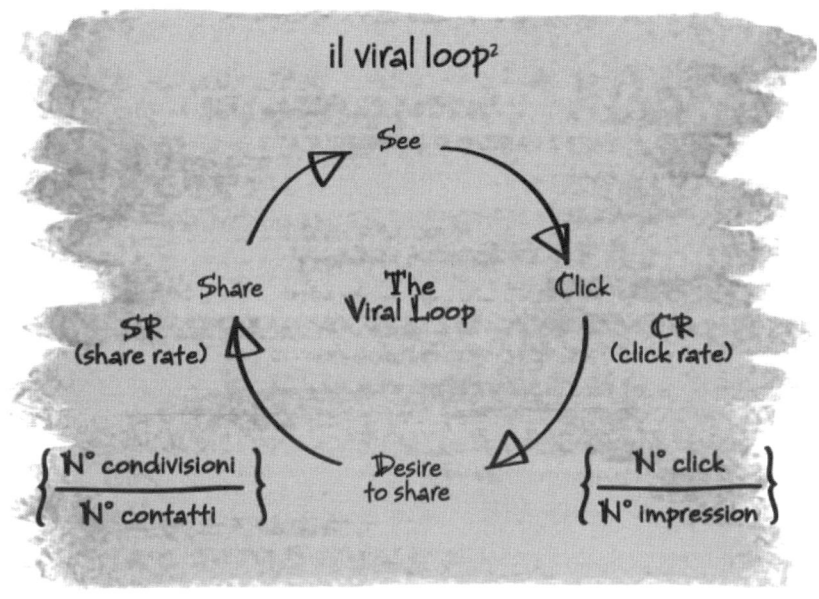

| 바이럴루프는 보기(See), 클릭(Click), 공유(Share)의 선순환이다 – 기획돌이의 스타트업 고군분투기(2017)

예를 들어 유튜브는 사람들이 인터넷 게시판이나 블로그, SNS 등에 유튜브에서 본 동영상을 공유하고자 비공개 코드까지 뒤지고 있음을 알게 되었다. 유튜브는 영상이 많이 공유될수록 사용자가 증가할 것이라 여겼다. 동영상을 공유하기 위해 복잡한 태그를 쓰거나 별도 프로그램까지 써야 했던 절

차를 모두 없애고, 단 한 번의 클릭으로 영상을 퍼 나를 수 있게 하였다. 유튜브 영상 공유가 늘어날수록 사람들의 뇌리에는 "동영상 = 유튜브"라는 인식이 강해졌다. 이것이 오늘날 유튜브 성공의 기틀이 되었다.

> 바이럴루프의 성공 요인은 기존 사용자가 새로운 사람을 초대하거나 서비스를 공유하도록 즉각적으로 유인할 수 있는 가장 간단한 방법을 찾아내는 것이다.
> – 실리콘밸리의 밴처캐피탈리스트 조쉬 엘만

바이럴루프는 개인의 콘텐츠 확산력에 힘입어 돌아간다. 기술 발전으로 누구나 고성능 스마트폰 카메라로 사진과 동영상을 찍고 바로 편집해 온라인에 올릴 수 있게 되었다. 사람들은 다른 사람이 올린 콘텐츠를 빠르게 소비하고, 마음에 드는 콘텐츠는 이메일, 블로그, 소셜미디어 등을 통해 친구와 공유한다. 이런 확산에는 콘텐츠 게시 여부를 승인하는 중간 판단자가 없기 때문에 가능하다. 게시판에 글을 올리면 관리자가 승인해야 나오거나 대중에게 전달하고자 하는 말을 뉴스기자를 통해 보도해야 하던 시대와는 다르다. 콘텐츠에 호감을 느끼는 사람이 많아지면 빠른 속도로 소셜 매트릭스에 퍼져 나간다. 이로써 사용자의 공감이 콘텐츠의 좋고 나쁨을 결정하며, 집단의 큐레이션이 곧 제품과 서비스의 가치를 나타내게 되었다.

지금까지 통념은 좋은 제품은 입소문을 탄다는 것이었다. 그러나 소셜 매트릭스에서 개인의 영향력이 커지면서 반대로 입소문을 타는 제품이 좋은 제품이 되었다. 슈퍼커넥터(super connector)가 배포에 뛰어들면 바이럴루프는 금세 가속화된다. 특정 제품에 대해 얘기하는 사람이 많아질수록 대중은 더 좋은 제품으로 인식한다. 그리하여 기업은 인위적으로 바이럴루프를 만들어낼 묘안에 골몰하게 되었다.

소셜 매트릭스를 잘 활용한 예로 경쟁이 치열한 인터넷 의류 쇼핑몰 시장에서 월 40%씩 성장하며 오픈 2년 만에 상위몰에 등극한 서울스토어(www.seoulstore.com)의 독특한 고객 전략이 있다.

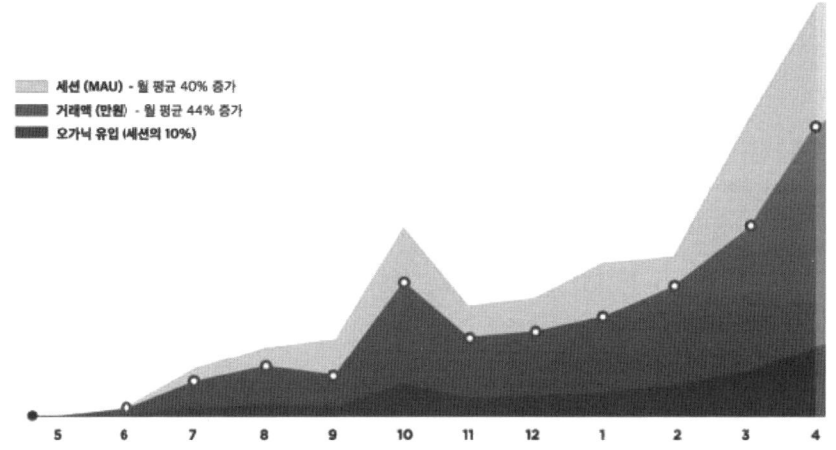

| 서울스토어의 성장 추세 - blog-kr.channel.io/seoulstore

서울스토어는 20대 초반 여성을 대상으로 "서울언니"라 불리는 트렌디한 온라인 셀럽들이 추천하는 상품을 판매하는 온라인 편집샵이다. 서울언니가 판매할 수 있도록 상품, 물류, 콘텐츠 제작 등까지 플랫폼에서 모두 지원한다. 서울스토어는 동네 언니처럼 친근한 서울언니를 판매자 페르소나로 내세워 고객을 관리한다. 서울언니와 친분이 다져진 고객은 이탈률이 크게 낮아지고, 언니마켓에서 추천하는 제품도 쉽게 구매한다. 서울스토어는 이 단골 고객의 증가에 힘입어 성장하고 있다.

몇 차례 사업 실패를 겪었던 서울스토어 윤반석 대표는 구글과 바이두 등 해외 검색엔진에서 "서울"이라는 키워드의 검색 빈도가 2014~16년 사이에

4배나 급증했다는 사실을 알게 되었다. 또한 인스타그램의 성장세와 문화 트렌드에도 관심을 가졌다. 인스타그램의 마이크로 인플루언서와 팔로워가 서로를 "언니"라고 부른다는 점에 착안해 입소문에 유리한 서비스명을 지었다. 마케팅 메시지를 빠르게 퍼트리려면 "마약 베개", "유산균 먹이", "3초 세럼", "하나씩만 골라도 400개", "소유 다이어트", "대륙의 실수"처럼 제품의 가치를 직관적으로 빠르게 이해시켜야 한다. 트렌디하고 친근한 페르소나를 단박에 전달하는 서울언니라는 명칭은 지레짐작이 아닌 소셜 데이터에 기반한 의사결정이었다.

5주 만에 서비스 MVP를 만든 후 처음 #서울꽃 해시태그로 시도한 날 바로 3건의 거래가 성사되었다. 인스타그램이 커머스로 연결될 수 있다는 가설이 검증되자마자 인플루언서를 모집하기 시작했다. 아는 인플루언서가 한 명도 없어 가로수길에서 눈에 띄는 사람에게 사업 내용을 설명하고 인스타그램 계정을 보여달라며 요청하며 15명의 인플루언서를 모아 사업을 론칭했다.

어느덧 입소문과 품질은 닭이 먼저인지 달걀이 먼저인지 알 수 없는 상태에 접어들었다. 전통적인 관점으로는 제품을 만든 후 마케팅 단계에서 입소문을 시도하지만, 사람들에게 빠르게 제품을 퍼트릴 통로를 갖고 있다면 그 자체가 제품의 품질이 되기도 한다. 그러므로 그로스해킹에서는 처음부터 제품에 바이럴 요소를 내재화하는 시도를 게을리하지 말라 권한다.

더불어 윤반석 대표가 #서울꽃으로 가능성을 실험했다는 점에도 주목할 필요가 있다. 초기 단계에 제품이 시장에 받아 들여질 정도를 실험을 통해 예측했던 서울스토어의 노력이 바로 우리가 다음 장에 다룰 Product-Market fit이다.

GROWTH HACKING
CHAPTER
02

그로스해킹 프레임워크

— CHAPTER —
02

그로스해킹
프레임워크

스타트업은 왜 망할까? 미국의 벤처캐피털 기업인 CB인사이트가 2014년 이후 씨드 투자를 받은 1,100여 개 스타트업의 70%가 평균 20개월 후 사업을 접었다는 조사 결과를 발표해 세상을 깜짝 놀라게 했다. CB 인사이트는 스타트업의 사업 종료 선언 이유를 심층 분석하여 20가지 대표적인 실패 원인을 발표하였다. 그 중 무려 42%로 1위를 차지한 요인은 "수요 없음(No Market Need)"이여서 스타트업계에 적잖은 충격을 주었다.

아무도 원치 않는 제품과 서비스를 만들어 팔려다 망하다니! 투자 유치에 성공한 스타트업의 실패 원인이라기에는 너무 의외이지 않은가? 시장 수요를 확인하는 것은 매우 당연해 보이지만 쉽지 않다. 어떤 제품이 실제로 출시되어 시장에 선보인 결과 실패 또는 성공하기 전에는 시장에 그런 수요가 존재하는지 아닌지 확신할 수 없기 때문이다. 그나마 유사한 제품의 시장이 이미 형성되어 있다면 위험이 줄어든다. 그러나 스타트업은 대개 기존에 본 적 없는 혁신적인 제품 및 서비스를 들고나오므로 해당 제품이 시장에서 받아들여질지를 도통 가늠키 어렵다. 창업자는 당연히 자기 자신에 비춰 필요한 제품이라 확신하지만, 실제로는 창업자가 가뭄에 콩 나듯 존재하는 희박한 수요자 중 한 명일 수도 있다. 그러므로 기업 초창기 목표는 "이 제품/서비스를

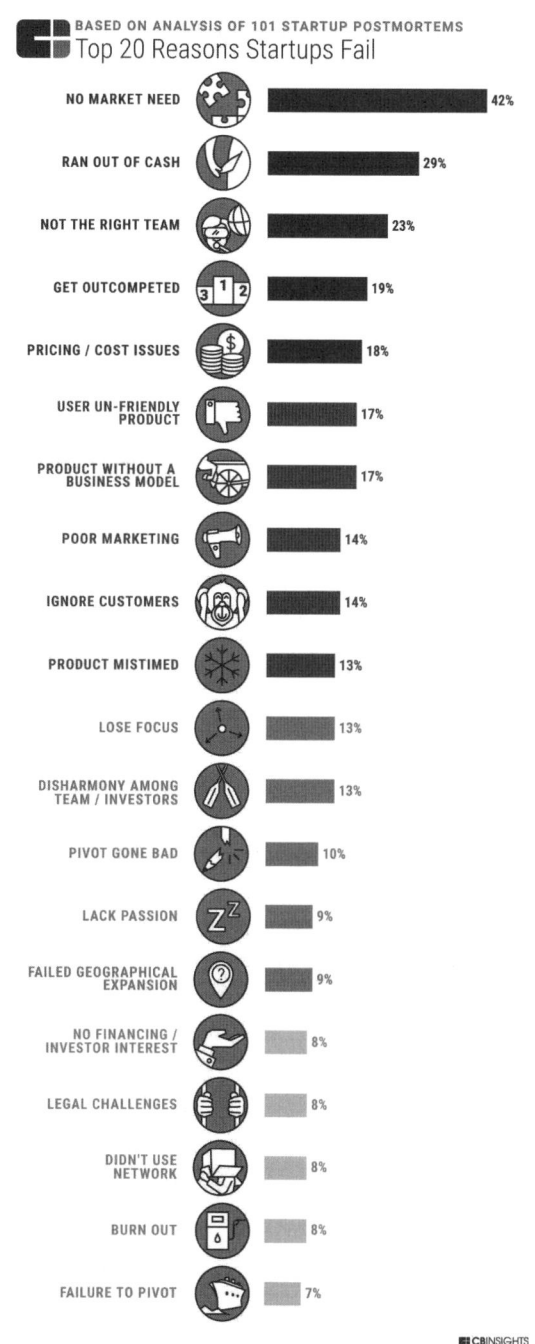

| 벤처캐피털 데이터베이스 기업인 CB인사이트의 조사 – cbinsights.com(2018)

원하는 시장이 존재한다"는 사실을 검증하는 것이어야 한다.

시장 수요를 확인하는 초기 작업에 약간의 시행착오는 피할 수 없다. 창업자의 짐작과 시장이 처음부터 딱 들어맞는 천운은 드물다. 시장이 기꺼이 환영해줄 때까지 조금씩 제품을 다듬고 프로세스를 조정하는 과정이 필요하다. 문제는 이 조율 작업이 창업자의 머릿속이나 실험실이 아닌 시장에서 실제 고객을 대상으로 끊임없이 가설을 검증하고 가다듬으며 진행된다는 점이다. 실패의 길을 걸었던 70% 스타트업 대부분은 제품의 초기 버전이 성공하리라 과신하여 이 과정을 생략한 채 홍보마케팅에 전력투구하였다. 그러나 기대와 달리 시장 반응이 미지근하면 아차 싶어 방향을 전환하려 하지만, 이미 막대한 시간과 비용을 투입한 뒤라 다른 시도를 하지 못하는 경우가 많다. 그러므로 초기에는 제품을 둘러싼 시장에 대한 가설이 맞는지 먼저 검증하고, 방향이 확정된 후 앞을 보고 달려야 한다. 앞서 서울스토어가 #서울꽃 해시태그로 하루 만에 3건의 매출이 발생하는 것을 확인한 후 본격적으로 인플루언서 섭외를 위해 뛰었던 점을 기억하자.

> 스타트업의 첫 번째 목표는 고객 모두가 사용하고 싶을 정도로 좋은 제품을 만드는 것이다.
> — 와이콤비네이터 공동 창업자 제시카 리빙스턴

> 최고의 그로스해커라도 안 팔릴 제품을 성장시키는 것은 불가능하다. 마케팅할 만큼 좋은 비즈니스 모델을 만드는 것이 우선 과제이다.
> — 미국의 유명 그로스해커 아론긴

Product-Market Fit (제품-시장 적합도)

그로스해킹의 첫걸음은 시장이 원하는 제품을 만들어 내는 것이다. 좋은 제품이 마련되면 이를 널리 알리고, 폭발적인 성장세를 이끄는 3단계 과정을 밟는다. 어떤 제품이 시장에서 받아들여지는 것, 실제 고객의 수요와 매치됨으로써 성장 잠재력을 갖추는 것을 Product-Market Fit(PMF: 제품-시장 적합도)이라 한다. 시장이 원하는 제품을 만드는 것이 당연해 보이지만, 의외로 1~2년씩 공들여 만든 제품이 1년도 못 버티는 기업이 부지기수이다. 때로는 멋진 제품을 만들었지만 막상 소비자는 훨씬 조악한 수준에 만족하고 있었던 웃지 못할 상황도 발생한다.

그로스해킹의 개념을 정립한 션 앨리스는 PMF 40% 지표를 제시하기도 했다. 즉, 고객에게 설문 조사를 해 40% 이상이 "이 제품을 쓸 수 없다면 매우 아쉬울 것이다"라고 답한다면 비로소 PMF가 확인된다는 주장이다. 솔깃한 설명이지만 션 앨리스의 40% 규칙은 시장을 다소 피상적으로 바라보는 약점이 있다. 스티브 잡스의 유명한 명언을 잊지 말자. "사람들은 바로 눈앞에 제품을 갖다 놓기 전에는 자기가 무엇을 원하는지 잘 모른다." 아무리 고객 설문조사를 거듭해도 제품의 PMF를 미리 알아낼 수는 없다. 고객은 눈앞에 보이는 제품의 좋고 싫음을 평가할 뿐(그나마도 솔직하지 않을 때가 많다), 컨셉 설명만으로 제품의 비극적인 앞날을 예언하지는 않는 경향이 있다. PMF를 확인하는 유일한 방법은 그저 고객 앞에 최소한의 모양새는 갖춘 시제품을 선보이는 것이다. 그 외의 고객 설문, 시장 수요조사는 모두 기업이 미처 파악하지 못했던 인사이트를 얻고, 제품의 가치를 간단명료하게 드러내는 메시지를 만드는 데 도움을 얻는 정도로만 여기는 편이 좋다.

그로스해킹은 한두 가지의 기법이 아니라 최소 비용으로 급속 성장을 위한 혁신을 꾀하는 기업의 태도이다. 어떤 태도를 견지하는가는 기업이 어떤 마케팅 관리 철학을 가졌는가에 영향을 받는다. 우리 주변에서 흔히 볼 수 있는 마케팅 관리 철학은 크게 3가지로 정리할 수 있다.

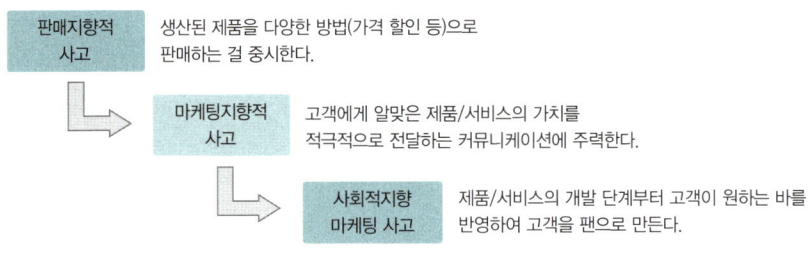

| 마케팅 관리 철학

판매지향적 사고(The Selling Concept)란 이미 만들어진 제품을 판매하는 단계에서의 개입을 의미한다. 이때 마케팅이란 주어진 제품을 어떻게든 알리고 멋지게 포장해 정해진 판매량을 채우는 역할을 떠맡는 것이다. 운신의 폭이 좁아 그로스해킹은커녕 원활한 판매도 기대하기 어렵다. 극단적인 사례로 판매량을 할당하여 마케터의 개인적인 인맥 네트워크를 이용해 고혈을 짜내는 피라미드 판매를 들 수 있다. 바이럴 마케팅, 네트워크 마케팅이라는 다양한 이름으로 미화하지만, 마케팅의 재량이 너무 적어 현실적으로는 할 수 있는 것이 거의 없다. 당연히 급속 성장을 운운하는 그로스해킹은 딴 나라 이야기로 느껴지고, 지쳐 나가떨어지는 마케터 개개인만 존재하는 상황이 반복되게 마련이다.

이보다 조금 더 완화된 경우가 바로 마케팅지향적 사고(Marketing Concept)이다. 제품과 서비스는 이미 만들어져 있되 제품의 어떤 측면을 누구에게 어떻게 전달할지를 마케터가 결정하는 경우이다. 마케팅 부서에 고객을 설득하는 커뮤니케이션 재량이 주어지는 현실 속 많은 기업이 여기에 속한다. 마케터는 고객의 눈높이에 맞춰 기업의 제품을 설명하고 시장을 설득하는 역할을 맡는다. 개발자가 제품의 기술적 잠재력을 최대한 끌어내려 노력하듯이 성공적인 마케팅의 기준을 무조건 많이 판매하는 것에만 두지 않고 해당 제품이 가진 비즈니스 잠재력을 최대한 성취하는 것에 둔다. 이로써 기업에 우호적인 환경을 조성하는 브랜드 마케팅, 당장 전환을 일으키지 않는 고객과 꾸준히 커뮤니케이션하고, 필요한 정보를 제공해주는 인바운드 마케팅 등이 가능해진다. 판매지향적 사고에 비해 잠재고객을 존중하고, 강매하지 않으면서 제품의 가치를 집중적으로 호소하며 고객을 설득하는 태도이다.

그러나 고객의 수요가 존재하지 않는 제품임에도 불구하고 고객을 설득해 판매한다는 말은 사실상 고객에게 전혀 필요치 않은 특징을 그럴듯한 말로 속여 팔아 치우는 일종의 기만에 가까워진다. 물론 시장에는 다양한 고객이 존재하므로 몇몇 사람에게는 통할 수 있고, 애초에 창업자가 사업을 기획할 때 자신이 느꼈던 소비자 니즈가 있을 것이며, 이에 동조하는 또 다른 사람이 있기 마련이므로 예기치 않게 매우 흡족해하는 사용자도 나올 수 있다. 그러나 Product-Market Fit을 검증하지 않고 고객 설득에 나서면 모 아니면 도, 창업자의 운이 좋아 때마침 대중의 호응을 얻으면 대박이요 아니면 쪽박인 상태가 나게 마련이다. PMF를 점검하지 않은 상태에서 판로 촉진을 위해 유능한 마케터를 고용하고 제품개발비와 맞먹는 마케팅 비용을 지불한다면 그에 따른 효과를 정확히 측정하기는 어려워진다. 간혹 마케팅으로 성공한 제품이 나오더라도 그 인과관계를 정확히 파악할 수 없다. 더불어 대다수 고객은 제품이 마음에 들지 않을 경우 부정적인 평가를 내뱉기보다는 사용하지 않는다는 점을 간과하고, 한두 명의 희박한 고객의 긍정적인 평가에 의존해 시장을 잘못 판단하는 실수를 범하기 쉽다. 이런 상황에서는 엄청난 행운이 깃들지 않는 한 그로스해킹을 기대하기 어렵다.

> "소비자를 염두에 두지 않고 나만의 창의적인 발상으로 차별화된 서비스나 메뉴를 만들면 실패할 확률이 높다. 내 경험을 토대로 얘기해보자. 프랜차이즈 사업에 본격적으로 뛰어들기 전이었다. 나는 원조쌈밥집을 성공시킨 후 원대포라는 음식점을 차렸다. 원대포는 질 좋은 비싼 소고기를 대폿집 분위기에서 구워 먹는 곳이다. 드럼통 위에 석쇠를 올려 구워 먹도록 했고, 주방도 훤히 보이도록 했다. 주방장이 고기 써는 모습이 그대로 노출됐다. 지금이야 새로울 게 없어 보이지만 1995년 당시에는 굉장히 획기적인 시도였다. 사람들도 호기심에 식당을 찾았고, 내 아이디어를 칭찬했다. 거기까지였다. 결과적으로 장사가 안됐다. 사람들이 비싼 소고기를 굳이 대폿집 분위기에서 먹고 싶지 않았던 것이다."
>
> – 더본코리아 백종원 대표 인터뷰 중 발췌(동아 비즈니스 리뷰, 2018)

제대로 된 그로스해킹을 위해서는 반드시 제품 개발부터 판매를 염두에 두고 참여하는 최초 시장 검증이 필요하다. 즉, 목표 고객이 느끼는 불편과 욕구, 관심사 등을 파악해 고객이 원하는 바를 효과적으로 제공하는 것을 목표로 제품 개발부터 참여하는 것이다. 이를 사회적지향 마케팅 사고(Social Marketing Concept)라 한다. 사실상 좋은 제품에 기반하지 않고 마케팅 성과가 난다고 기대하기는 어렵다. 품질과 관계없이 판매에만 열 올린다면 필연적으로 소비자를 기만하게 된다. 그런데도 기존의 마케팅 방법론은 언제나 제품은 이미 만들어진 변경 불가한 것으로 전제해왔다. 이와 달리 그로스해킹은 사람들이 원하는 것을 만드는 것부터 시작한다. 그로스해킹이란 제품이 고객의 폭발적인 반응을 얻지 못한다면 사업의 비즈니스 모델까지도 달라져야 한다고 믿는 사고방식이다. 이를 피벗팅(pivoting)이라 한다. 피벗은 처음 기획한 제품이 시장에 받아들여지지 않을 때 제품 및 사업 내용에 변화를 가하는 작업을 말한다.

그로스해킹은 급속 성장의 실현 여부가 제품과 시장의 궁합이 얼마나 잘 맞느냐에 좌우된다는 믿음을 기저에 깔고 있다. 일단 시장에 적합한 제품을 만들어내기만 하면 이후 마케팅은 일사천리로 진행되는 것이다. 이를 위해 그로스해킹은 모호하고 막연한 감이 아닌 정확한 데이터 분석을 시도한다. 고객의 마음을 읽어낼 수 있는 빅데이터를 바탕으로 캠페인과 매출의 인과관계를 짚어내는 데이터를 분석하여 끊임없이 변화를 추구한다. 이를 위해 일단 MVP(최소 존속 제품)를 만들어 소수의 고객에게 선보이고, 고객의 반응에 따라 Pivot(조정 작업)하여 PMF(제품과 시장의 궁합)를 높이는 데 주력한다.

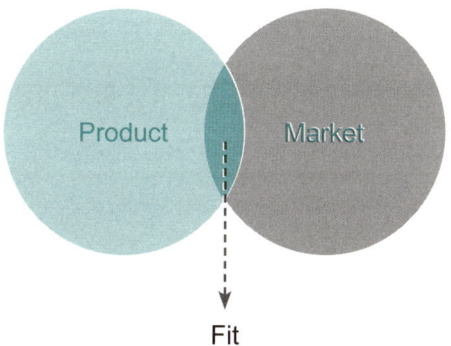

| 시장과 제품의 궁합을 맞추는 것이 그로스해킹의 첫걸음이다.

린스타트업 – 초기수용자 Market fit

세상을 깜짝 놀라게 하는 비밀 프로젝트가 유행한 적 있다. 아무도 생각 못한 참신한 아이디어를 관계자 입단속하며 비밀리에 개발하고 완제품을 시장에 내놓았을 때 커다란 반향을 일으키는 짜릿한 희열이 실리콘밸리를 강타하던 시절이었다. 그러나 오랜 시간 천재들의 피와 땀, 막대한 예산이 들어간 프로젝트도 때로는 좌절된다. 실패한 기업은 시장에 발붙이지 못하고 퇴장해야 했다. 이러한 문제를 해결하기 위해 스티브 블랭크와 에릭 리스는 린스타트업(Lean Start-up)을 주창하고 나섰다. 린스타트업이란 1990년 경영학자 워맥&존스가 처음 사용한 용어로서 새로운 아이디어가 나오고 계획이 세워진 후 최소한의 제품을 빨리 출시해 시장과 고객의 반응을 확인하며 지속적인 피드백으로 최적의 상품을 완성해 가는 방법을 말한다. 완벽주의보다 실험정신을 강조하는 것이다.

린스타트업의 가장 유명한 성공 사례로는 페이팔(www.paypal.com)이 있다. 오늘날 페이팔은 온라인 간편 결제의 대명사지만 원래 PDA[6]용 데이터 보안 솔루션 회사였다. 그러나 PDA 초창기에는 정보 보안에 대한 의식이 낮았고 페이팔의 보안 솔루션은 시장의 관심을 끌지 못했다. 보안 기술이 뛰어났던 페이팔은 이를 활용해 PDA 시장의 대부분을 차지한 팜사의 파일럿끼리 송금하는 프로그램을 만들었다. 그러나 팜 파일럿을 쓰지 않는 사람과의 거래 불편이 커졌고, 이 문제를 해결하기 위해 상대방이 팜 파일럿이 없는 경우 이메일로 돈을 보낼 수 있게 하였다. 이메일 송금이 가능해지면서 전자상거래 사이트인 이베이에서 페이팔을 거래 수단으로 사용하기 시작했다. 이에 페

---

6. Personal Digital Assistant. 1990년대 초반에 등장한 스마트폰의 원조 격인 개인용 소형 휴대 컴퓨터 단말기이다. 1996년 팜(Palm)사의 파일럿(Pilot)이 큰 성공을 거두며 PDA의 대명사가 되었다.

이팔은 과감히 파일럿 송금 기능에서 전자상거래 결제 수단으로 사업의 중심추를 바꾼다. Product-market fit을 찾은 것이다.

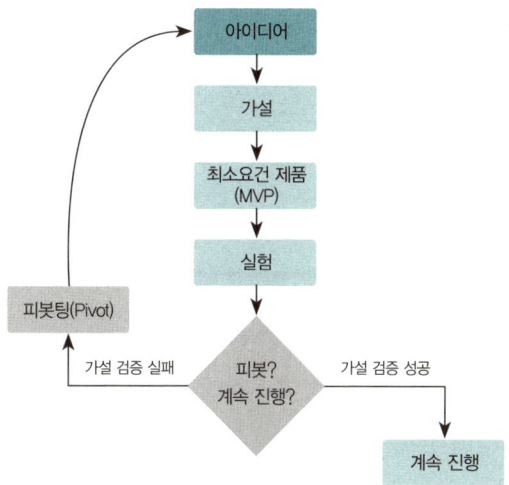

| MVP의 실험 결과를 바탕으로 피벗할지 말지 의사결정한다

그렇다면 페이팔이 보안 솔루션을 출시한 후 온라인 결제수단으로 변신하기까지 얼마나 걸렸을까? 겨우 15개월이다. 4번의 피벗(pivot) 과정에서 검증은 언제나 최대한 적은 비용으로 민첩하게 진행되었다. 기업이 PMF를 확인하는 린스타트업을 시도하는 이유는 기업의 존폐 위기를 불러올 만큼 많은 시간과 비용을 투입하지 않은 상태로 시행착오를 거치면서 타겟 시장, 제품, 사업 모델 등을 수정할 기회를 갖기 위함이다. 수많은 고객이 열광하는 거대한 시장을 창출할 만큼 매력적이고 완벽한 제품을 단번에 만들어 내기는 대단히 어렵다. 현실적으로 최선의 방법은 빨리 낮은 비용으로 검증하고, 시장의 피드백을 받아 학습한 지식을 바탕으로 제품 및 사업 모델을 수정하여 재도전하는 것이다. 우리가 알만한 많은 기업의 성공적인 혁신이 이러한 피벗팅을 거쳐 정립되었다.

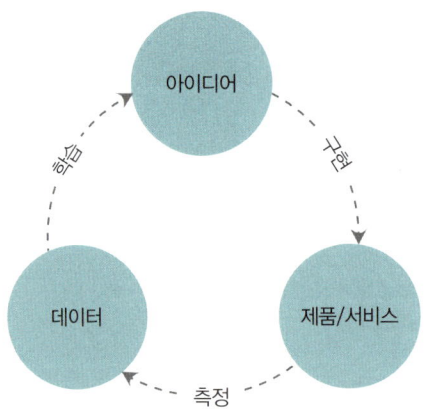
| 아이디어로 MVP를 만들고 데이터를 얻는 린스타트업 사이클

    이 그림은 린스타트업을 한 장의 그림으로 나타낸 것이다. 린스타트업에는 2가지 중요 명제가 있다. 첫째는 고객에게 가치를 제공하지 못하고 성과를 검증할 수 없는 것은 만들지 않는다는 것이다. 둘째는 검증에 필요한 최소 요건 제품(MVP)만 만든다이다. 이를 위해 ❶아이디어가 도출되면 → ❷구체적인 계획(사업 가설)을 세우고 → ❸최소 요건 제품을 개발하여 → ❹시장의 반응을 측정하고 → ❺데이터를 분석하여 → ❻개선 방안을 학습함으로써 → 다시 또 ❶ 새로운 아이디어를 도출해내는 순환을 거듭한다. 린스타트업을 주장한 스티브 블랭크는 소프트웨어 개발사에 이를 적용해 8개의 스타트업 중 4개를 상장시켰으며(S/W사의 평균 상장률 1%), 에릭 리스는 3D SNS인 IMVU를 세워 1,900만 달러 자금 조달로 성과를 증명해냈다.

    그로스해킹의 MVP 테스트는 완제품 마케팅처럼 초기 수용자(early adopter)를 끌어오는 것에서 시작한다. 그러나 판매 목적의 완제품 마케팅처럼 가능한 모든 곳에 막대한 예산을 들여 최대한 많이 노출하려는 욕심은 버려야 한다. 그로스해킹에서는 Product-Market Fit이 달성되기 전에는 본격적인 마케팅 없이 Pivot에 집중한다. 그러므로 MVP 테스트는 훨씬 더 구체적으로 좁게 타겟팅된 관련성 높은(relevant) 초기 수용자를 최소 비용으로 끌어들이는 데 집중한다. 이를 위해 먼저 시장을 세분화하고, 비교적 전문성 높은 타겟 고객에게 먼저 좋은 평가를 이끌어냄으로써 자연스러운 입소문이 나기를 기대한다. 사람들이 진정으로 원하는 최고의 제품을, 작게 시작하여 시장의 반응을 보며 개선하고, 초기 이용자를 성장의 토대로 삼는 것이다.

going viral – 유지 및 최적화

초기 이용자의 사랑을 받는 Product-Market Fit이 확인되면 다음 단계로 규모를 확장하는 Going Viral 단계가 시작된다. Going Viral이란 사업을 널리 알리고 규모를 키우는 성장을 가리킨다. PMF를 생략하고 바이럴만 추구해서는 모래 위의 성처럼 무너지게 마련이다. 또한 바이럴 과정에서 잘못된 성과 지표를 채택하면 엉뚱한데 힘을 쏟다가 꺾일 수도 있다. 예를 들어 신규 회원 유치는 어느 사업에서나 공통적인 성장 요소지만, 고객당 획득 비용이나 유지율, 전환율은 전혀 고려하지 않은 채 새로운 이용자 수에만 매달리는 기업에게 내일을 기대하기는 어렵다. 그러므로 Going Viral을 실행하기 전에 기업의 "성장"에 대한 정의가 필요하다.

기업의 성장은 사용자가 제품의 핵심적인 가치를 경험하는 가장 직접적인 활동으로 정의해야 한다. 예를 들어 동네 슈퍼마켓에는 "고객이 매일 퇴근길에 슈퍼마켓에 들러 장을 본다"를 보여주는 일일 활성 유저수(DAU : Daily Active Users)가 중요하다. 백화점 명품관에는 매장을 구경하는 방문객이 많은 것보다 "고객이 비싼 제품을 기꺼이 구매한다"를 나타내는 고객당 평균 결제 금액(ARPU : Average Revenue Per User)이 더 중요하다. 이렇듯 기업마다 본질 가치를 나타내는 지표는 다르기 마련이다. 우리 비즈니스에 알맞은 성장 방정식을 다듬고 핵심 지표를 파악하여 뱃머리를 올바른 방향으로 맞춰 Going Viral 의 노력을 기울여야 한다. 성장의 방정식이 명확해지면 창의성이 필요하다. 구글홈을 이용한 버거킹 와퍼 광고나 고객의 사이즈를 측정하는 조조슈트를 만들어낸 조조타운처럼 기발한 아이디어가 빛을 발하는 순간이다. 그러나 아이디어는 단순한 몽상이 아니다. 오히려 데이터에 기반한 가설 수립과 실험의 반복이다. Product-Market Fit 과정에서 얻은 초기 데이터를 바탕으로 다양한 아이디어를 브레인스토밍(Brainstorming)하고, 가설을 수립하여 순차적으로 재빠르게 끊임없이 실험을 거듭해 유용한 Going Viral 방안을 찾아내는 것이다.

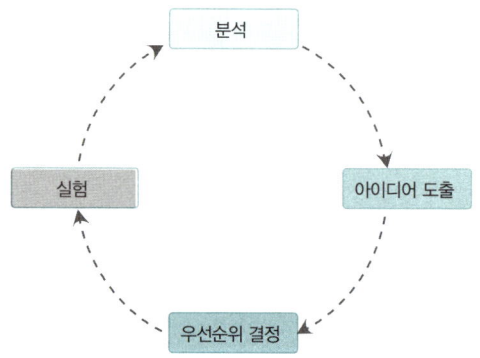

| 그로스해킹은 끝없는, 민첩한, 데이터에 기반한 가설 수립과 검증 과정이다. - 션 앨리스(2017)

Going Viral 아이디어를 발굴할 때는 고객에 대한 다양한 질문을 던져 보고, 초기 이용자의 데이터에서 인사이트(insight)를 얻는 게 좋다. 우리 제품에 호감을 보인 고객은 몇 살인가? 성별은? 어떤 기기를 쓰나? 직업은? 자녀가 있는지? 어느 지역에 사나? 어떤 경로로 제품에 대해 알게 되었는지? 그들

이 특별히 선호한 콘텐츠가 있는지? 초기 이용자의 행동에 어떠한 패턴이 존재하지는 않는지? 등을 전반적으로 훑어보면 아이디어의 실마리를 얻을 수 있다. 만약 초기 이용자 데이터가 부족하다면 여러 소셜 분석(Social Analytics) 서비스에서 고객 페르소나(Persona)에 대한 참고할만한 행태 정보(Behavior Information)를 수집한다.

여러 사람이 내놓은 다양한 Going Viral 가설 중 우선적으로 검증할 것은 무엇일까? 그로스해킹의 개념을 정립한 션 앨리스는 저서[7]에서 ICE Score[8]라는 기준을 제시했다.

$$\textbf{Impact} \times \textbf{Confidence} \times \textbf{Ease} = \textbf{ICE SCORE}$$

영향력(Impact)은 "아이디어가 기업의 성장을 결정 짓는 핵심적인 지표의 향상에 얼마나 기여하는가"를 의미한다. 신뢰도(Confidence)는 "아이디어의 영향력(impact)을 얼마나 확신할 수 있는가"를 뜻한다. 용이성(Ease)은 "가설을 검증하려면 어느 정도의 시간과 노력, 자원이 필요한가"를 가리킨다. 각 아이디어의 ICE 점수를 산출해 가장 높은 점수를 낸 아이디어부터 우선적으로 검증하면 된다. ICE의 3가지 기준을 종합적으로 고려하지 않으면 때로는 "대박 날 아이디어"라며 큰 영향력이 기대되는 아이디어에만 매달리거나 "현실적인 어려움"을 핑계로 검증하기 쉬운 아이디어만 되풀이하며 실험을 위한

---

7. Hacking Growth: How Today's Fastest-Growing Companies Drive Breakout Success(2017)
8. ICE score 각 요소를 설명하는 원문은 다음과 같다.
   Impact demonstrates how much your idea will positively affect the key metric you're trying to improve.
   Confidence shows how sure you are about Impact. It is also about ease of implementation in some way.
   Ease is about the easiness of implementation. It is an estimation of how much effort and resources are required to implement this idea.

실험에 머물 위험이 있다.

프로젝트 아이디어	Impact	Confidence	Ease	ICE Score
결제시스템 개편	7	1	5	35
커뮤니티 이벤트	7	2	8	112
웹사이트 메인 화면 디자인 변경	5	5	3	75

| 각 아이디어별로 ICE 점수를 1~10점으로 매긴 후 합산한다.

어떤 아이디어가 시장에서 호응을 얻을지는 아무도 모른다. 정해진 답은 없다. 비즈니스 상황별로 Going Viral의 방법은 다양하지만 특정한 조건을 만족하는 제품이나 사업, 콘텐츠는 구전에 훨씬 용이하다. 무엇보다 PMF를 판단할 수 있는 절대 가치(Absolute Value)를 가져야 하며, 다른 사람에게 제품을 언급하게 하는 강력한 동기를 제공해야 한다.

브랜드나 제품마다 차이가 있지만 계단이나 미끄럼틀 달린 어린이 원목침대는 대개 50~80만 원대이다. 아이 침대에 100만 원 이상을 선뜻 지불하는 사람은 드물어 심리적 가격저항선이 있다. 그런데 150만 원이 훌쩍 넘는 가격을 책정하고 순항하는 펀우드(www.funwood.co.kr)가 있다.

비싼 원목침대를 구매하고자 하는 고객은 다양한 정보를 검색한다. 상업적인 리뷰가 아닌 실제로 제품을 구매한 사람들의 후기와 사진을 눈여겨 보는 것은 자명하다. 그러나 안타깝게도 사람들은 불평불만 리뷰는 잘 남기지만, 잘 쓰고 있는 제품에 대해 굳이 판매 페이지로 찾아와 후기를 남기지는 않는다. 많은 고가의 제품이 그렇듯 펀우드도 키즈전면책장을 사은품으로 주었다. 그러나 기사가 침대를 조립해줄 때 함께 배송하지 않고 굳이 차후에 별도로 택배 발송해주는 방법을 택했다. 구입한 침대를 실제로 사용하는 후기를 올려야만 준 것이다. 이로써 인위적인 작업용 후기가 아닌 자연스러운 실제 후기가 증가하고, 부정적인 후기가 올라오지 않도록 방지할 수 있으며, 마케팅용 콘텐츠가 풍부해지는 효과를 얻을 수 있다. 배송 기사가 함께 갖다 주면 간단한 사은품을 굳이 운송비를 물어가며 별도로 보내는 작업은 번거롭지만 바이럴을 늘린다.

집안에서 사용하는 침대와 달리 겉으로 드러날 수 있는 제품은 바이럴 요소를 내재화함으로써 성장을 꾀한다. 주변 사람들이 모두 특정 메신저를 쓴다면 그들과 소통하기 위해 나도 그 메신저를 쓸 수밖에 없다. 드랍박스의 스

| 후기를 확인해야 사은품을 발송하는 펀우드 이벤트

페이스 레이스(space race)가 그 중 한 사례이다. 파일 저장용 클라우드 서비스인 드랍박스는 2012년과 2015년 이용자를 늘리기 위해 "스페이스 레이스"를 개최했다. 화룡점정은 스페이스 레이스의 2015년 학교별 드랍박스 무료 용량 늘리기 대항전인 캠퍼스컵이었다. 각 대학의 재학생 및 졸업생이 각자의 학교 메일로 드랍박스 계정을 만들어 인증하면 국가별 순위를 매겨 최대 25GB까지 무료 용량을 주었다. 이 이벤트로 드랍박스는 미국을 넘어 아시아와 중남미, 유럽의 수많은 이용자를 확보할 수 있었다.

▣ 스페이스 레이스 퀘스트
- 처음 시작하면 250 Mbyte 추가
- 친구를 초대하면 자신과 초대받은 친구 모두 500 Mbyte 추가
- 휴대폰으로 사진을 찍어 드랍박스에 올리면 500 Mbyte 추가
- 튜토리얼에 적혀 있는 7가지 미션 중 5가지를 완료하면 2년 동안 48 Gbyte 추가
- 페이스북, 트위터 계정에 연동시키면 각 125 Mbyte 추가
- 드랍박스의 트위터 계정을 팔로잉하면 125 Mbyte 추가
- 드랍박스가 좋은 이유를 적으면 125 Mbyte / 이 게시물을 트윗하면 125 Mbyte 추가
- 캠퍼스 컵 : 우리 학교 메일 참여자가 많아질수록 최대 25 Gbyte 추가

스페이스 레이스나 우버이츠 쿠폰, 애니팡 하트, 내 아이폰에서 보냄 메시지 등 동료 압박이 작용하는 경우는 매우 많다. 이들의 특징은 제품이나 서

비스를 사용하는 고객의 행동 자체가 곧 추천되도록 하는 것이다. 모두가 카카오톡을 쓰면 함께 써야 하고, 애니팡 하트를 주고받다 보면 게임을 하게 되며, 아이스버킷챌린지에 지명받으면 루게릭병에 관심 두게 된다. 그로스해킹은 이렇듯 초기 사용자가 제품을 사용하는 행동이 바로 바이럴루프를 일으키는 요인이 되도록 바이럴의 내재화 설계에 공들인다.

그로스해킹 분석 모델 설계

Product-Market Fit과 Going Viral로 이어지는 그로스해킹의 핵심을 4가지로 간단히 요약하면, ❶ 사람들이 진정으로 원하는 최고의 제품을 위해 노력하고, ❷ 크게 시작하려는 유혹을 버리며 ❸ 최소 비용으로 도달할 수 있는 소규모의 초기 이용자를 성장의 토대로 활용하고 ❹ 제품에 구전(口傳) 요소를 포함시켜 이 사이클을 반복한다. 이 과정은 모두 감이 아닌 데이터를 측정하여 분석하고 최적화 하는 세부 조정 작업(pivoting)을 거치며 발전해 나간다.

데이터란 의미 있는 모든 값이다. 제품을 쓰는 사람의 성별, 나이, 취미, 좋아하는 노래 등 고객에 대한 정보, 제품이 진열된 매장의 위치, 조명 밝기, 흘러나오는 노래나 포장지 색깔, 판매원의 유니폼 등 제품에 관한 모든 것을 의미한다. 그러나 이 모든 데이터가 다 비즈니스적인 의미를 갖지는 않는다.

그로스해킹 성장을 가늠하려면 올바른 지표를 선정하는 것이 가장 중요하다. 2010년대 초 높은 인기를 구가한 스베누 운동화가 있었다. 2012년 신발 유통업체인 신발팜을 오픈한 창업자가 아프리카 TV에서 얻은 개인적인 유명세를 바탕으로 투자자를 모았다. 투자금의 대부분은 SNS 마케팅에 투입되었다. 때마침 페이스북이 국내 유저를 모으며 급성장하던 시기라 페이스북을 통한 바이럴 마케팅으로 엄청난 효과를 거둘 수 있었다. 자신감을 얻은 스베누는 AOA, 아이유, 송재림 등 연예인을 기용해 공격적인 마케팅에 나섰다. 덕분에 연매출 500억 원을 기록하기도 하였다. 10~20대의 스베누 사랑은 대단했고, 스베누는 바이럴 마케팅의 성공 사례로 칭송받기 시작했다.

그러나 결국 스베누는 쓰러졌다. 여러 이유 중 가장 중요하게 손꼽히는 것은 지표 관리 실패이다. 500억이나 되는 매출에서 상품 매입금을 제외한 금

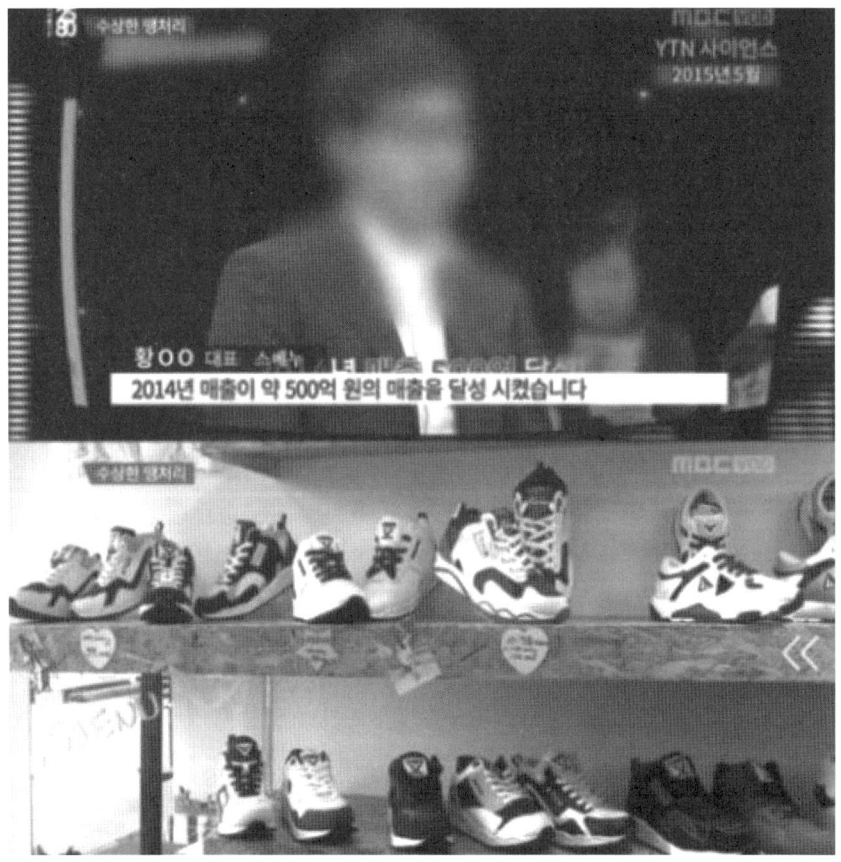

| 2013~15년 폭발적인 성장세를 그린 스베누 - 시사매거진 2580(2016)

액이 거의 다 마케팅 비용으로 집행되었다. 사업이 기울기 시작한 2015년 상반기에는 삼성전자를 제치고 광고 시장 1위를 차지하며 맨체스터 유나이티드에 10억 원 후원을 약속하고 헐리우드의 유명 여배우 클레이 모레츠를 광고 모델로 기용하는 등 "이익(profit)"과 "매출(sales)"을 구별하지 않는 우를 범했다. 이러한 실수는 단순히 스베누 자신뿐만 아니라 투자자들에게도 동일하게 나타났다. 스베누의 상황이 악화되었음에도 불구하고 매출 500억 원에 현혹되어 30억 원가량의 개인투자가 몰려 들었다.

스베누의 매출 500억 원은 그럴듯한 포장일 뿐 아무런 실속이 없었다. 이렇듯 사업의 본질적인 성장과는 무관함에도 쉽게 착각을 일으키는 지표를 허영 지표(vanity metrics)라 한다. 허영 지표는 마치 웹사이트 누적 통계처럼 시간이 지나면 자연스레 우상향하거나 페이지뷰, 방문객 수처럼 당장 트래픽 비용 등을 발생시키지만 실질적인 이익을 보장하지 않는 것들을 가리킨다. 허영 지표는 사실상 내부 직원이나 시장에 사업이 순항하고 있다는 신호를 주

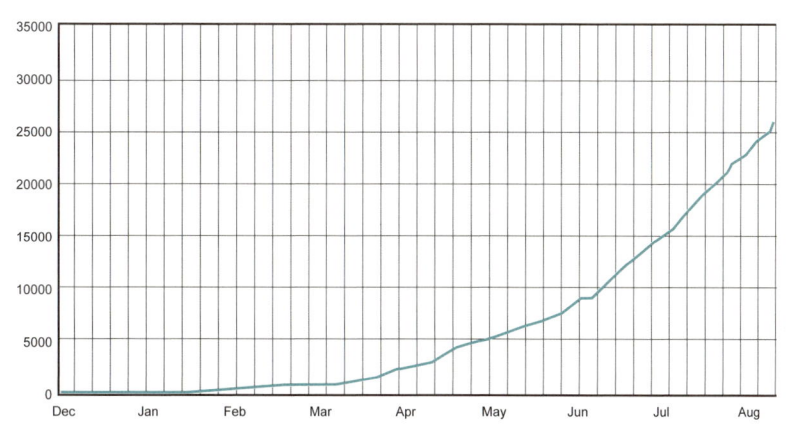

| 허영 지표 곡선 – 우리가 지표에 근거해서 뭔가 행동을 취할 수 있는 것인지가 더 중요하다.

기 위해 활용하는 수치에 불과하다. 어떤 지표가 허영 지표인지 아닌지를 판단하려면 해당 데이터를 근거로 기업이 어떤 비즈니스적인 의사결정을 내릴 수 있는가를 되물어 보자. 허영 지표는 만족감은 주지만 기업의 성장과 실질적 성과 창출에 기여하기 어렵다.

정말 그로스해킹 성과 곡선을 원한다면 유료 전환 유지율, 고객 활성화율, 바이럴 계수, 이벤트 참여도(engagement) 등의 진짜 핵심 지표에 집중해야 한다. 고객이 유입되더라도, 들어오자마자 빠져나가 버린다면 밑 빠진 독에 물 붓기가 되어 버린다. 고객이 서비스를 사용하게 하려면 고객을 유지(retention)시킬 수 있어야 한다. 이를 측정하는 데 가장 유용한 KPI는 전환율(Conversion Rate)이다. 기업은 전환율을 이해하고 측정하며, 마케팅 전략에 적용해야 한다. 제품/서비스의 각 단계별 성장을 위해 가장 중요한 지표를 파악하고 그것에 집중할 수 있어야 한다.

핵심 지표를 정하면 검증할 가설을 세우고, 데이터를 수집해 통계 결과를 도출한다. 이 과정은 아래 그림과 같이 진행된다.

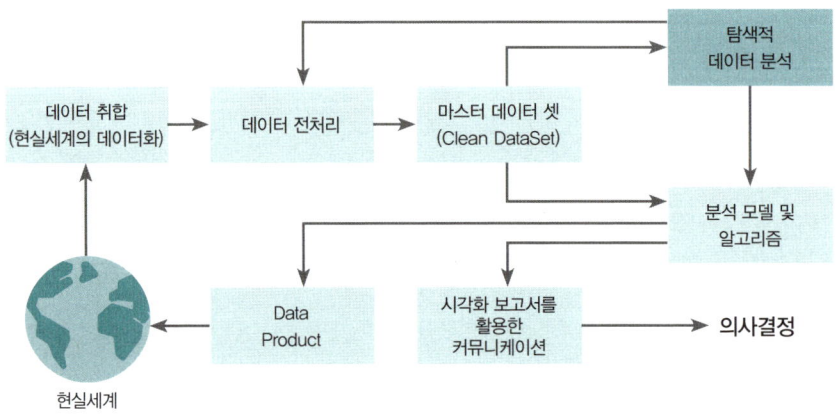

| 현실 세계의 데이터를 취합해 의미 있는 결과를 도출하고자 분석 모델을 활용한다.
www.kdnuggets.com/2016/03/data-science-process.html

분석을 위해서는 현실 세계를 데이터의 세계로 변환시킬 수 있어야 하는데, 어렵게 보이는 데이터란 문자(범주) 또는 숫자(값)로 표현되는 값을 의미한다. 물론 이미지나 동영상, 음성 클립 등 문자나 숫자에 직접 대입하기 어려운 형태의 정보도 있고, 이러한 비정형 데이터의 패턴을 있는 그대로 파악해내는 분석 기술도 많이 발전했다. 그러나 그로스해킹에서 데이터를 수집하고 분석하는 목적은 결코 분석 그 자체가 아니다. 실질적인 사업 성과 향상에 기여하려면 현실을 보다 간결하게 정리하고, 데이터 분석 수고를 줄이며, 측정 및 분석의 비용은 낮추고, 결론을 도출할 때까지의 속도는 높이려는 노력이 요구된다. 우리에게 필요한 것은 거창한 빅데이터 분석이 아니라 Product-Market Fit을 맞춰내기 위한 민첩함임을 잊지 말자.

데이터가 수집되면 탐색적 데이터 분석(EDA: Exploratory Data Analysis)을 실행한다. 탐색적 데이터 분석이란 한 마디로 데이터를 훑어보는 것이다. 숫자인지 문자인지, 전체 몇 건이며, 대략 어떤 분포를 보이는지, 최대값 최소값은 얼마인지 등 데이터의 성격을 다양한 각도에서 관찰함으로써 데이터가 표현하는 정보의 밑그림을 대강 스케치할 수 있다. 때로는 이 과정에서 가설을 세우는 단계에서는 미처 예상하지 못했던 어떤 패턴이 눈에 띄기도 한다. 데이터를 대충 훑어본 후에는 결측치나 이상치를 정리하는 등 본격 데이터 분석을 위한 사전 처리를 한다. 정리된 데이터를 다양한 분석 모델에 대입해 가설을 검증하고 결과를 보고서로 시각화함으로써 비즈니스 의사결정에 도움을 받을 수 있다.

짧은 몇 문장으로 요약된 이 과정이 데이터 분석이 익숙지 않은 사람에게는 크나큰 장애물이다. 누구에게나(심지어 데이터 분석이 담당 직무일지라도) 데이터 전처리나 분석, 시각화 등은 매우 부담스러운 작업이다. 데이터 분석 모델이라는 말이 나오면서부터 책장을 덮어야 하나 고민하기 시작했다면 너무 걱정할 필요 없다. 요즘 비즈니스 현장에서 주로 쓰이는 데이터 분석 도구들은 대부분 데이터의 수집과 처리, 분석 및 시각화해서 보고서를 만드는 것까지 거의 모든 작업을 알아서 해준다. 여러분은 그저 데이터를 슥 훑어보고 패턴을 짐작하고 가설을 세우며, 이 책 전반에 걸쳐 설명하는 그로스해킹의 분석 모델을 배워 비즈니스 상황에 맞는 분석 도구로 데이터 분석을 진행하고 필요한 결론만 얻어내면 된다. 종종 처음 듣는 단어가 튀어나와 생소할 수 있지만, 최대한 쉽게 설명할 테니 지레짐작 자포자기하지 말기 바란다.

그로스해킹 분석 도구

그로스해킹 데이터 분석에 활용 가능한 데이터 분석 도구는 100여 가지에 달한다. 모든 도구는 특별한 목적에 특화되거나 특정 데이터 유형에 강력하다는 등 각각 장단점이 있다. 하나의 도구에 통달했다 해도 모든 종류의 분석을 다 해낼 수도 없다. 각 도구는 서로 다른 목적에 맞게 설계되어 있다. 완벽한 분석이 불가능해도 모든 도구를 다 배울 필요도 없다. 자동차로 바다 위를 달릴 수 없고, 배로 땅 위를 달릴 수 없다고 해서 이것저것 다 배울 필요는 없지 않은가? 내 목적에 맞는 도구를 택하면 된다. 하나의 도구에 통달하면 다른 것은 상대적으로 배우기 쉬워진다.

어떤 분석 도구를 선택하느냐에 따라 데이터 취합과 전처리 방법이 조금씩 달라진다. 대중적으로 많이 쓰이는 엑셀, R, 파이썬 등은 매우 유용한 도구이기는 하지만 데이터 취합과 전처리를 분석자가 직접 해야 하는 어려움이 있어 최근에는 통계와 데이터 전처리를 대신해 주는 클라우드 기반 서비스를 선호한다. 클라우드 서비스 중 비즈니스 현장에서 가장 많이 쓰는 도구는 구

구분	분석 도구	설명
클라우드 서비스	Google Analytics	웹사이트, 모바일 앱의 방문자, 행동패턴, 전환 등 분석
	Amazon Quicksight	AWS 서비스를 이용하는 경우 RDS, Dynamo DB 등의 AWS 내의 데이터에 대해서 BI 분석 시스템을 빠르게 구성 가능
	Amazon Machine Learning	기계학습 API 제공
	Google Prediction API	기계학습 API 제공
분석 툴	Excel, R, SPSS 등	매크로 방식으로 통계분석, 데이터마이닝, 시각화 등의 작업이 가능함
프로그래밍 언어	Python, Java 등	직접 프로그래밍 방식으로 다양한 분석 라이브러리(Numpy, SciPy, Panda 등)를 이용하여 분석 프로그래밍 가능
빅데이터 분석	Hadoop, Spark 등	빅데이터 분석을 위한 Hadoop이나 Spark 등을 이용한 Map Reduce 방식의 프로그래밍
Visualization	D3, Highcharts, Google Charts 등	분석 사이트를 구축하고자 하는 경우, D3 등의 JavaScript 방식의 시각화 라이브러리를 이용해 다양한 시각화 처리가 가능

| 대표적인 데이터 분석 도구

글 애널리틱스(GA : Google Analytics)이다.

구글 애널리틱스는 구글이 제공하는 데이터 분석 도구로서 간단한 추적 코드만 심으면 자동으로 많은 데이터를 트래킹해서 제공해줄 뿐만 아니라 무료라서 사실상 표준 도구로 활용되고 있다. 또한 이 책의 뼈대인 AARRR 분석 프레임워크에 유용하여 구글 애널리틱스를 도구로 삼아 설명을 이어 나갈 것이다. 다만 이 책의 주 목적은 구글 애널리틱스의 매뉴얼적인 사용법 설명이 아니라 GA를 이용해 실제로 그로스해킹을 시도하는 활용법을 다루는 것이다. 그러므로 구글 애널리틱스의 셋업이나 자잘한 메뉴 설명 등은 생략할 계획이다. 만약 구글 애널리틱스를 다루는 방법이 필요하다면 본 저자가 출간한 [구글 애널리틱스를 활용한 데이터분석 입문] 도서를 참고하기 바란다. 이미 구글 애널리틱스를 잘 다룰 수 있다면 이 책의 설명을 즉각 써먹을 수 있을 것이다.

그로스해킹 분석 모델

제품 출시 후 첫 매출까지 지나치게 오래 걸리면 회사는 버티지 못한다. 그러므로 그로스해킹에서는 일단 MVP(최소 요건 제품)를 만들고 서둘러 Product-Market Fit을 달성하는 것을 초기 사업 목표로 삼는다. PMF가 확인되지 않은 제품에 막대한 비용을 투자하다가는 허영 지표(Vanity Metrics)에 끌려다니는 우를 범하기 쉽기 때문이다. 매우 당연한 논리지만 현실적으로는 많은 기업이 판매 지향적인 마케팅 관리 철학을 채택하고 있다. PMF 검증을 거치지 않고 이미 나와 있는 제품을 고정불변의 전제로 상정하고 Going Viral의 뒷단계로 건너뛰려다 보니 전반적인 마케팅이 광고 캠페인 최적화의 숫자놀음에 빠지는 경우가 흔하다. 우리가 흔히 접하는 분석 모델의 상당수가 개별적인 마케팅/운영 캠페인에만 초점을 맞추는 이유이다.

그러나 원활한 그로스해킹을 위해서는 나무 한 그루의 가지치기를 어떻게 할지, 거름을 뭘 줄지를 따지는 미시적인 관점에 앞서 숲 전체를 조망하는 거시적인 분석 모델이 필요하다. 이 책의 뼈대를 이루며 가장 많이 쓰이는 분석 모델은 이 책에서 그로스해킹 분석 모델로 활용하고자 하는 AARRR이다. 그 외 대표적인 모델 몇 가지를 먼저 소개한다.

Kmeans Cluster

선호도나 관심사를 짐작할 수 있는 여러 흔적 – 위치, 성별, 연령, 직업, 생애주기(Life-cycle) 등에 따라 고객은 여러 유형으로 분류된다. 같은 유형에 속하는 사람들은 같은 특성을 띠며, 비슷한 행동을 하고, 취향도 관심사도 많이 닮았다. 페이스북이나 구글 등 마케팅 플랫폼은 맞춤타겟/잠재고객을 만들면 유사타겟(lookalike target)을 찾아 주기도 한다. 고객이 네트워크에 남기는 여러 데이터를 수집해 종합 분석하는 소셜 분석(Social Analytics)이 뜨는 이유다. 최근 제조, 서비스, IT, 유통 등 다양한 분야에서 고객의 행동 데이터를 수집해 제품 성능을 높이거나 웹사이트를 개선하기도 한다.

클러스터링(Clustering)이란 비슷한 특성을 가진 데이터끼리 묶어 주는 머신러닝(machine Learning) 기법이다. 미리 정해진 범주로 대상을 분류해 집어넣는 방식이 아니라 같은 콘텐츠를 좋아하거나 같은 제품을 구매하는 등 행동 패턴이 유사한 사용자를 묶어 주는 일종의 패턴 인식(pattern recognition) 분류법이다. 클러스터링의 종류는 Kmeans, DBSCAN, Hierarchy, Spectrum 등 여러 가지이다. 대표적으로 Kmeans Cluster를 많이 사용한다.[9]

그로스해킹에서 클러스터링 기법은 유사한 대상을 찾아내거나 의미 있는 초기 수용자를 찾아내거나 이메일, 웹사이트 등의 개인 맞춤 테스트를 하는 등의 여러 상황에서 활용된다. 대체로 사업을 이제 막 시작하는 단계보다는 무의미하게 뒤섞여 쌓인 다양한 고객 설문조사, 후기, 판매 정보, 광고 실적 등의 데이터를 의미있게 분류해 진일보한 성장을 이루고자 하는 기업에 유용하다. 위메프 AMP를 이용해 인당 회원가입 비용을 26% 낮춘 마켓컬리 등이 대표적이다.[10]

---

9. Kmeans Cluster 알고리즘은 그로스해킹을 이해하는 데 필수 요소가 아니므로 이 책에서는 설명을 생략한다. 더 자세히 알고자 한다면 위키백과의 잘 정리된 설명과 관련 링크(en.wikipedia.org/wiki/K-means_clustering)를 참조하기 바란다.
10. www.brandbrief.co.kr/news/articleView.html?idxno=1556

| 방대한 구매 데이터로부터 패턴을 인식해 클러스터를 만드는 위메프 AMP

AIDA / AIDMA / AIDCA

AIDA는 1898년 E.S 루이스가 제시한 고전적인 프레임워크다. 인간이 어떤 행동을 하려면 주의(Attention)를 기울이고, 흥미(Interest)를 보이며, 욕망(Desire)을 느껴야 비로소 행동(Action)으로 발현된다는 것이다.

AIDA는 후에 미국의 클렌드 홀이 주의(Attention)단계를 인지(Awareness)로 교체하고 기억(Memory) 단계를 추가한 AIDMA로 확장 발전해 광고와 판매가 소비자의 구매 행동을 이끌어 내는 과정을 설명함으로써 광고 마케팅의 기본적인 프레임워크로 자리 잡았다. 간혹 확신(Conviction)을 추가한 AIDCA로 바꿔 활용하기도 한다.

AIDA의 첫 단계인 인지(Awareness)는 소비자가 제품 및 서비스의 존재를 알아채는 것을 말한다. 존재 여부도 알지 못하는 제품을 구매할 수는 없다. 소

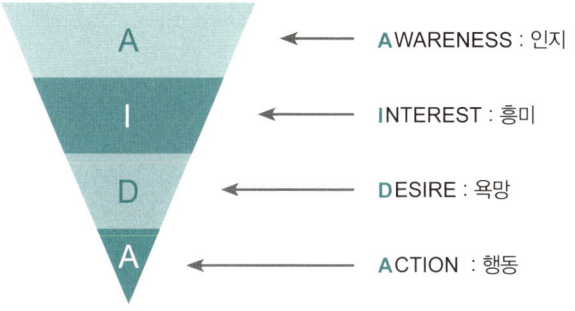

| AIDA는 가장 기초적인 소비자 행동 분석 모델이다.

비자가 세상에 이러한 제품이 존재한다는 것을 알리는 작업이 마케팅의 첫걸음이 된다. 이때 중요한 문제는 어떻게 하면 우리 제품을 널리 알리는 가이다. 제품의 이름이나 디자인을 뭐로 정할지, 메시지를 어느 채널(신문기사, TV광고, 배너 광고, 길거리 이벤트, 옥외 광고 등)을 통해 퍼트릴지 등을 결정해야 한다. 흥미(Interest) 단계에서는 어떤 메시지로 고객의 관심을 끌지 고민한다. 고객이 클릭하고 싶어 할 광고 문구는 무엇일까? 고객의 눈길을 끌고, 클릭을 유발하는 개성과 웃음, 강렬한 메시지는 무엇인가를 검토하며, 콘텐츠 클릭이나 공유 수 등을 주로 분석한다. 고객의 욕망(Desire)을 이끌어 내는 단계에는 제품의 장점을 강조하거나 다른 고객의 긍정적 리뷰를 보여주는 등의 장치를 활용한다. 고객에게 브로셔를 주거나 상세한 제품 스펙을 설명하거나 질문에 답변해주면서 관련 콘텐츠의 다운로드 수나 망설이는 고객의 페이지 방문 횟수 등을 관찰한다. 마지막으로 고객이 제품을 구매하려 할 때 더 쉽게 행동(Action)하도록 구매 버튼을 잘 보이는 곳에 배치하거나 CTA(행동유도: Call to Action)를 페이지에 자연스럽게 녹여내며, 결제까지 이르는 경로를 최대한 간결하게 줄여 이탈을 방지하는 등의 노력을 기울인다. 이때 중요한 지표는 전환율(Conversion Rate)이 된다. 전환 관련 데이터를 꾸준히 수집하고 분석하여 서비스 효율을 개선해 내야 한다.

ABCDEF

그로스해커 앤디 존스가 제시한 성장 공식을 아마존에 대입한 프레임워크이다. 앤디 존스는 지속 가능한 성공이 퍼널의 주입구 크기와 마법의 순간, 제품의 핵심 가치에 좌우된다고 보았다.

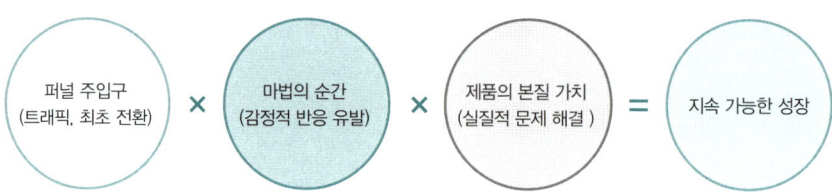

지속적인 성장은 퍼널의 유입량, 입소문 발생, 제품의 핵심 가치로 이뤄진다.

퍼널 주입구(Top of Funnel)의 크기란 랜딩페이지를 방문하여 제품 및 서비스에 대한 소개를 읽고 회원 가입을 시도하는 최초 전환 고객이 얼마나 되는가를 의미한다. 제품을 본 사람들이 열광하고 여러 사람의 입에 오르내리기 시작하면 바이럴루프가 형성되어 마법의 순간(Magic Moment)이 찾아온다. 만약 제

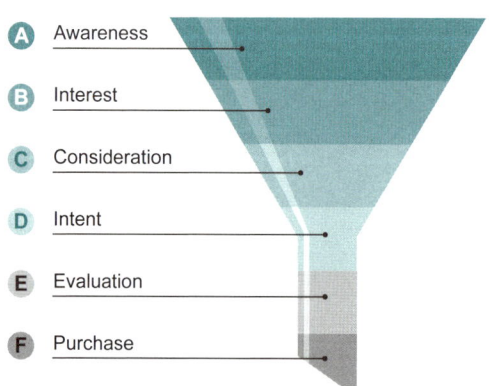

ABCDEF 퍼널

품의 본질적인 가치(Core Product Value)가 충분하다면 입소문은 금세 사그라지지 않고 더 널리 퍼져 나가 기업의 지속 가능한 성장을 뒷받침할 것이다.

3가지 기초 요소를 앤디 존스(Andy Johns)는 아마존의 성장에 대입해서, 보다 세분화된 성장 모델을 제시하였다. 6가지 요인으로 정리된 이 프레임워크를 ABCDEF라 부른다. Awareness는 브랜드의 광고나 홍보를 통해 브랜드를 '인지'하게 되는 단계를 말한다. Interest는 브랜드를 인지하면서 생기게 되는 '흥미, 관심'을 말한다. 브랜드를 접하자마자 바로 생길 수도 있고 반복적으로 접하면서 생기게 될 수도 있다. 고객은 이 단계에서 '검색'이라는 행동을 시작한다. Consideration은 구매에 대한 '고려'하는 단계이다. 검색을 통해서 브랜드나 상품 관련 정보를 입수하는 과정에서 구매 욕구가 높아지고 있는 상황이다. Intent는 구매에 대한 '의도'가 높아져 구매를 결심하는 단계이다. 구매 의지를 가지고 있으므로 이들은 검색 결과에서 검색광고에 노출되는 웹사이트를 방문하거나 쇼핑 플랫폼(지마켓 등)에 방문하여 상품을 고르는 등의 행동을 할 것이다. Evaluation은 구매 결정을 위해 후보로 뽑아 놓은 상품이나 브랜드를 '평가'하는 단계이다. 그 평가는 스스로 하기도 하나 '리뷰'를 참조하는 비중이 높은 편이다. 리뷰를 참조하는 것도 웹사이트 혹은 쇼핑 플랫폼 내에서 하기도 하지만 네이버의 블로그나 페이스북 및 인스타그램, 유튜브의 내용을 참조하기도 한다. 그러므로 리뷰 콘텐츠는 구매에 큰 영향을 끼친다고 할 수 있다. Purchase는 최종적으로 '구매'를 진행하는 단계를 말한다.

책으로 시작한 아마존은 음악, 전자 제품 등으로 수직적 확장(Vertical Expansion)을 도모하며 성장했다. 주문에 대비해 1,000만 권씩 재고를 쌓지 않고도 10권으로 돌아가게 종류별 상품 재고를 관리하면 사업 규모를 비약적으로 키울 수 있지 않을까라는 가설에서, 아마존은 상품 페이지별 트래픽과 재고 수량을 연동했고, 이 시도는 매우 성공적이었다.

$$A \times B \times C \times D \times E \times F = \text{Amazon's Growth}$$

A = Vertical Expansion
B = Product Inventory per Vertical
C = Traffic Per Product Page
D = Conversion To Purchase
E = Average Purchase Value
F = Repeat Purchase Behaviour

| ABCDEF는 아마존의 성장 모델을 분석한 프레임워크이다.

상품 페이지의 트래픽을 분석한 결과 아마존은 고객의 구매 횟수(Conversion to Purchase)가 많을수록 평균 구매 금액이 높다는 사실을 발견하였다. 이에 아마존은 고객에게 연관된 제품을 교차 제안하거나 더 나은 제품을 꾸준히 상향 제안하는 전략을 취했다. 여러 고객의 다양한 구매 패턴 데이터를 분석한 아마존은 고객의 마음에 쏙 들 상품을 추천하는 능력이 강화되었다. 고객은 아마존의 추천에 기꺼이 지갑을 열었다. 고객의 재구매를 촉진함으로써 고객 생애 가치(CLV)는 높아졌고 아마존은 오늘날의 성장을 이룰 수 있었다.

| ARM

분석자에게 가장 기초적인 모델은 ARM이다. ARM이란 고객 획득(Acquisition), 고객 유지(Retention), 수익화(Monetization)의 약자이다. 고객 획득(Acquisition)은 기업

이 웹이나 앱 등을 통해 제품 및 서비스의 사용자를 확보하는 경로를 의미하며, 고객 유지(Retention)는 고객이 해당 제품 및 서비스를 다시 찾을 가능성, 즉 재방문율을 의미한다. 수익화(Monetization)란 고객이 결제하는 금액과 결제 비율 등을 가리킨다. 고객이 유입되고, 제품에 관심을 가지며, 실제로 돈을 지불하는 일련의 과정을 수치로 파악해 심도 있게 분석 관리할 수 있어 거의 모든 분야에 기초적으로 활용되는 모델이다. 유입된 고객이 100명이라면 이 중 일부만 재방문하며, 재방문한 유저 중 일부만 결제한다. 그러므로 ARM의 각 단계를 지날 때마다 고객의 수가 줄어들어 아래쪽으로 갈수록 좁아지는 깔때기(Funnel) 모양을 띠게 된다.

고객 획득(Acquisition) 단계에서는 고객이 유입된 경로를 확인하는 지표를 중요시한다. 일반적으로 광고나, 서비스의 영향력을 파악할 때 순 방문자(UV)[11]

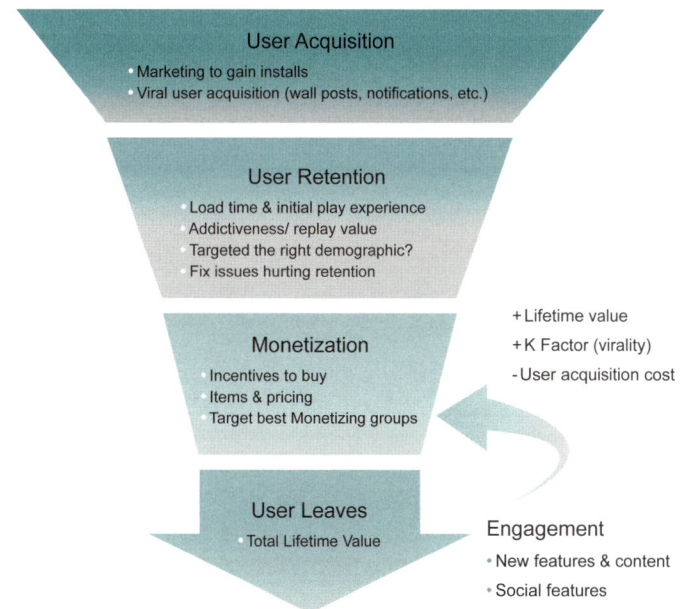

| 고객이 유입되고, 머물면서 수익이 발생하는 과정을 나타낸 ARM 모델

, 페이지 조회수(PV)[12] 등을 활용한다. 그러나 이런 지표는 홍보마케팅 예산을 늘리면 순증하는 경향이 있어 수치 증가가 가치 있는 제품 또는 서비스를 의미한다고 평가하기는 곤란하다. 그로스해킹 관점에서 고객 획득을 평가할 때는 "어떤 채널이 신규 고객을 확보하는데 가장 효율적(또는 효과적)인가?"를 기준으로 삼는다. 이를 위해 채널별로 고객 획득에 소요된 비용 대비 UV, PV 증가량을 비교하여 가성비(ROI: Return On Investment) 높은 채널에 집중하도록 의사 결정한다.

고객 유지(Retention) 단계에서는 전 단계에 획득한 고객이 제품 및 서비스를 얼마나 즐겨 사용하는지 확인한다. 일반적으로 고객 유지 단계에서는 DAU(일일 활성화 유저)[13], WAU(주간 활성화 유저)[14], MAU(월간 활성화 유저)[15] 등의 데이터를 측정한다. 고객의 재방문율을 파악하기 위해서는 주간 활성 유저 중 몇 명이나 매일 방문하는지(DAU ÷ WAU), 또는 월 방문자 중 매일 방문자 비중이 어느 정도인지(DAU ÷ MAU) 등을 주로 검토한다. 유료 마케팅 캠페인을 진행한다면 WAU나 MAU를 급격히 증가시킬 수 있다. 그럼에도 불구하고 상대적으로 DAU가 높지 않다면 유입된 고객이 재방문할 수 있도록 하는 서비스 가치가 제공되고 있는지를 냉정하게 파악해서 개선해야 한다.

수익화(Monetization) 단계에서는 실질적인 사업 성과 확인이 필요하다. 앞선 고객 획득이나 고객 유지는 결국 고객의 결제를 이끌어 내고 기업이 수익을 올리기 위한 중간 단계일 뿐이다. 제아무리 앞의 두 단계가 원활히 이뤄진다

---

11. Unique User. 측정 기간 중 1회 이상 해당 웹/앱에 방문한 중복되지 않은 방문자
12. Page View. 사용자가 특정 사이트에 들어가 열람한 페이지 수
13. Daily Active User. 하루 동안 해당 서비스를 이용하는 순수 이용자 수
14. Weekly Active User. 한 주 동안 해당 서비스를 이용한 순수 이용자 수
15. Monthly Active User. 한 달 동안 해당 서비스를 이용하는 순수 이용자 수

해도 매출이 발생하지 않으면 기업은 존폐 위기에 놓이게 될 것이다. 수익화 단계의 핵심 지표는 매출액(revenue)이다. 그러나 500억 매출을 냈음에도 불구하고 실패의 고배를 마신 스베누 사례에서 볼 수 있듯이 단순히 전체 매출액만을 확인해서는 안 된다. 고객 획득을 위해 진행한 광고 홍보 비용 대비 수익(광고별ROAS)이 얼마인지, 고객 유지를 위해 투자한 서비스 개선 비용 대비 수익(프로세스 ROI)이 얼마인지를 확인해야 한다. 전환당 비용을 함께 고려해야만 현재 기업이 어떠한 광고마케팅에 집중할지, 아니면 고객 획득보다 고객 유지에 더 힘써야 하는 시점인지 등을 명확히 파악해야 한다. 더불어 지불 고객 1명당 한 달에 결제하는 평균 금액(ARPPU: Average Revenue per Paying User) 등의 지표를 통해 고객 획득 및 유지에 투입할 예산의 규모나 신상품의 가격 결정, 고객에게 추천할 교차 판매 및 상향 판매 제품의 종류 등을 결정할 수도 있다.

Engine of Growth

데이터 분석 프레임워크의 시초였던 ARM 모델은 직관적이라 많은 사업 분야에 널리 통용되었다. 그러나 시간이 흐르면서 산업이 고도화되고, 수집되는 정보가 방대해졌을 뿐만 아니라 데이터 분석이 의사 결정에 미치는 영향력과 범위, 중요성이 커지면서 ARM을 넘어선 새로운 모델이 필요해졌다. 2000년대 중반 스티브 블랭크가 4단계 고객 결정 모델[16]을 제시하고 실제

---

16. 스티브 블랭크의 고객개발 모델은 고객 발굴 → 고객 검증 → 고객 창출 → 기업 설립의 4단계로 이뤄진다. 고객 발굴 단계에서는 아이디어를 사업화하기 위한 가설 검증 실험을 설계하고 고객에게 아이디어를 설명해 고객 관점에

성공 사례를 만들어내면서 린스타트업(Lean Startup)으로 관심이 모아졌다. 소프트웨어 개발 프로젝트에 국한되어 IT 기업에만 적용되었던 스티브 블랭크의 이론을 제자인 에릭 리스(Eric Lies)가 3가지 성장 엔진(Engine of Growth)으로 재정리했다.

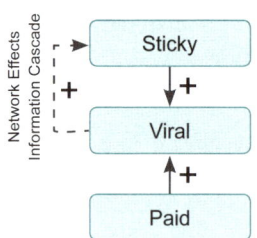

| 바이럴 확산의 공식(Engine of Viral Expansion) - 오가닉 비즈니스, 노상규(2016)

- **Sticky Engine(정착 엔진)** – 새로 유입된 방문자가 서비스를 둘러본 후 떠나지 않고 머물게 하는, 고객의 재방문을 유도하는 기제
- **Viral Engine(입소문 엔진)** – 고객이 제품 및 서비스를 이용하면서 사용 고객의 추천으로 인해 사업이 점점 더 성장하게 만드는 기제
- **Paid Engine(결제 엔진)** – 고객이 기꺼이 비용을 지불하게 하는 기제

이 3가지 엔진은 겉으로 잘 드러나지는 않고 비즈니스의 밑바탕을 이루는 요소들이지만 지속 가능한 서비스 사업을 위해서는 필수 요소이다. 성장 엔진(Engine of Growth) 데이터 분석 프레임워크의 지표를 정리하면 다음과 같다.

서 예상되는 문제와 해결책을 찾는다. 고객 검증 단계에서는 아이디어가 정말 고객에게 필요한지 판단하기 위해 최소 비용으로 마케팅 캠페인을 펼쳐 투자 효과를 검토한다. 고객 창출 단계에서는 마케팅 예산을 늘려 사업을 확장한다. 이 3단계를 거치면서 문제가 발생하면 가설을 수정하고 앞 단계로 되돌아간다. 아이디어가 반복 가능하고 확장할 수 있는 비즈니스 모델로 검증되면 비로소 기업 설립 단계로 들어간다.

	STICKY	VIRAL	PAID
핵심 성장 기제	서비스에 만족하는 고객의 수를 늘리는 것	제품을 사용하는 것이 곧 다른 사람에게 제품을 추천하는 행위가 되게 하는 것	고객의 생애 가치를 늘리는 것
성장 촉진 요인	고객의 이탈 속도 보다 유입 속도가 훨씬 빠르다.	고객이 제품에 대해 매우 자주, 빠른 속도로 이야기한다.	고객이 더 많은 금액을 지불할 수 있다.
성장 지체 요인	떠돌이 고객이 너무 많음	사용 고객이 제품, 서비스에 대한 언급을 하지 않음	고객 획득 비용이 너무 높음
성장의 투자 우선 순위	서비스 본질 가치를 높여서 고객에게 더 나은 가치를 제공함으로써 재방문하게 한다.	사람들이 친구를 초대하게 하는 등 고객이 비고객에게 제품 전파를 유도하는 요소를 제품에 내재화한다.	유료결제 가능성이 있는 고객 선별에 공을 들이며, 이를 위해 광고 등 필요한 비용을 기꺼이 지불한다.
측정 지표	신규 고객수, 고객 획득률, 유동 고객 비율	바이럴 계수	고객 획득 비용, 고객당 생애 가치(CLV)
지표 관리	추가적인 가치 제안을 통해 고객 만족도가 증가하는지 실험한다. 본질 가치의 지속적 향상을 통해서 떠돌이 고객의 비율을 줄인다.	고객이 친구 추천을 할수록 제품/서비스 이용 가치가 증가하도록 기획한다. 고객의 등록 과정을 편리하게 개선해서 추천된 친구의 서비스 이용을 촉진해 전환율을 높인다.	상향 또는 교차 판매전략을 활용해서 고객 생애가치(CLV)를 높인다. 다양한 고객 획득 채널의 효율성을 실험해 고객 획득 비용(CAC)을 낮춘다.

| 성장 엔진 모델 정리표

성장 엔진 모델이 앞서 설명한 ARM과 두드러지게 차이를 보이는 부분은 고객 확보(Acquisition)에 대한 태도이다. ARM이 고객 확보를 3단계 중 처음으로 매우 중시하는 반면에 성장 엔진(Engine of Growth)은 일단 유입된 고객을 정착시키고 이들이 서비스를 사용하는 과정에서 저절로 서비스가 구전(口傳)되는 장치를 갖출 것을 주장한다. 에릭 리스는 IMVU 등을 통해 성장 엔진 이론의 위력을 증명하였고, 실리콘밸리의 수많은 벤처사업가의 열렬한 지지를 받았다. 그러나 데이브 맥클루어(Dave McClure)는 성장 엔진(Engine of Growth)에 대해 "아무리 사업이 다양해져도 고객 확보의 중요성을 간과할 수 없다"고 비판했다. 그래서 ARM과 성장 엔진(Engine of Growth)의 장점을 취합해 탄생한 데이터 분석 프레임워크가 바로 "알~"이라고 부르는 AARRR이다.

AARRR

데이브 맥클루어(Dave McClure)가 정리한 AARRR은 고객이 서비스에 유입되어(Acquisition), 서비스를 이용하고(Activation), 서비스의 핵심 가치를 지속적으로 활용하며(Retention), 기꺼이 이용 요금을 지불할 뿐만 아니라(Revenue), 다른 사람에게 서비스를 추천하는(Referral) 것의 일련의 과정을 나타낸다. AARRR이라는 이름은 각 단계의 머리글자를 땄다. "알~~~"하는 소리가 영미권에서 해적(pirate)의 외침처럼 들린다 해서 "해적 지표(Pirate Metrics)"라 불리기도 한다.

| AARRR은 서비스 성장 5단계의 각 머리글자를 딴 분석 프레임워크이다.

AARRR은 서비스/제품 이용에 대한 소비자 여정의 다섯 단계를 나타낸다. 첫 번째, 고객 획득(Acquisition)은 사람들이 서비스를 발견하는 유입 경로를

다루며, 활성화(Activation)는 방문자가 실질적으로 이 서비스를 사용하는지를, 고객 유지(Retention)는 한 번 사용했던 유저가 서비스를 다시 방문하거나 재사용하는지를 검토한다. 매출(Revenue)은 고객이 기꺼이 비용을 지불하고 기업이 수익을 얻고 있는지를, 추천(Referral)에서는 서비스를 이용했던 고객이 친구 및 주변 사람들에게 이 서비스의 사용을 추천하는지를 들여다본다. AARRR의 5단계는 흔히 다음과 같은 깔때기 모양으로 표현된다.

| 마소캠퍼스(masocampus.com)의 AARRR 대입 예시

AARRR을 조금 더 쉽게 이해하기 위해 예를 들어 보자. 디지털 마케팅과 데이터 분석 실무 교육기관인 마소캠퍼스(www.masocampus.com)는 페이스북, 구글, 네이버 등에 가치 있는 콘텐츠를 꾸준히 제공하거나 광고를 집행해 관심 있는 사람들을 웹사이트로 끌어모은다. 이렇듯 다양한 채널을 이용해 신규 회원을 늘리는 것이 고객 획득(Acquisition)이다. 마소캠퍼스의 고객 획득 성과는 방문자 수, 신규 가입 회원 수 등으로 파악할 수 있다.

마소캠퍼스가 제공하는 서비스는 여러 가지이다. 마케팅과 데이터 분석에 대한 최신 정보를 다루는 마켓 트렌드, 지난 강의 교재를 무료로 제공하는 웹북 서비스, VOD 동영상 강좌, 1,000명이 동시 접속 가능한 실시간 라이브 웨비나(Webinar) 강의, 오프라인 현장 강의 등이 있다. 이 중 마켓 트렌드나 웹북 메뉴는 매출로 직접 연결되지 않는다. 고객 유입을 늘리는 인바운드 마케팅(inbound marketing)에 주로 활용된다. 마소캠퍼스의 핵심 메뉴는 VOD 강좌와 오프라인 현장 강의 수강자를 늘리는 것이다. 활성화(Activation) 단계에서 마소캠퍼스는 유료 콘텐츠 페이지의 방문자 수, 평균 체류 시간 등을 관찰하여 마켓 트렌드나 웹북 페이지로 유입된 고객이 유료 콘텐츠 페이지로 쉽게 이동할 수 있도록 웹사이트 구조와 경로, 디자인 등을 조절하는 노력을 기울여야 한다. 콘텐츠 마케팅 등 간접적인 유인을 활용하는 서비스는 마소캠퍼스처럼 고객이 도착하는 랜딩 페이지와 기업이 강조하고픈 제품 페이지가 다른 경우가 흔하다. 고객을 유인하기 위한 이벤트를 실시할 때도 이벤트 페이지가 결제 페이지인 경우는 드물다. 방문 페이지로 들어온 고객이 쉽게 떠나지 않고 핵심 제품을 둘러 보게 하는 것이 활성화의 최대 과제이다.

한 번 서비스를 경험한 고객을 유지(Retention)하려면 고객의 관심을 잡아둘 가치를 지속적으로 제공해야 한다. 해가 바뀔 때마다 새로이 알아야 할 사항이 추가되는 디지털 마케팅 & 데이터 분석 분야의 특성상 기존 수강생에게도 최신 정보로 업데이트된 교재 열람 권한을 주거나, 신규 강좌와 도서, 동영상 등을 꾸준히 제공하는 등 고객이 재방문하여 생애 가치를 높일 장치가 필요하다.

이렇게 유지된 고객이 마소캠퍼스의 콘텐츠를 유료 결제함으로써 매출(Revenue)이 발생한다. 마소캠퍼스의 콘텐츠를 구매한 고객이 디지털 마케팅 및 데이터 분석의 실무 지식을 필요로 하는 동료에게 강좌를 추천하거나 웹북, 마켓 트렌드 등 콘텐츠를 공유함으로써 추천(Referral)이 이뤄진다.

AARRR은 이와 같이 고객을 확보하는 경로를 평가하고, 고객이 핵심 서비스를 경험하도록 유도하며, 지속적으로 방문하도록 독려할 뿐만 아니라 기존 회원이 주변 사람에게 우리 서비스를 추천함으로써 신규 회원을 데려오는 구조를 만들고, 궁극적으로 기업의 연속성이 유지될 수 있는 실질적 매출이 발생하는 과정까지 기업 운영 및 유지의 핵심 단계를 잘 분석할 수 있도록 해주는 유용한 프레임워크이다. 오늘날 그로스해킹을 활용한 데이터 분석은 곧 AARRR을 뜻한다 해도 과언이 아닐 만큼 많은 기업이 AARRR을 서비스/제품 성장을 위한 데이터 분석 프레임워크로 활용하고 있다.

AARRR의 다섯 단계를 소비자 구매 여정과 연동해서 각 단계별로 확보해야 하는 고객 데이터를 기반으로 '구매 여정별 고객 데이터 활용 방법'으로 정리했다. 여기서 어떤 사항을 눈여겨볼 필요가 있을까?

단계	고객 데이터 확보	고객 정보 기반 활용 및 개선 예시	성과 지표 예시
고객 유입 구매 필요성 인지	• 인구 통계학적 정보 (위치/연령 등) • 주요 마케팅 채널 정보	– 유입 현황과 경로를 분석하여 집중 홍보 채널 파악	• 신규고객수 • 트래픽 • 경로별 유입률 등
고객 활성화 구매 검토	• 사이트 이동 경로 • 주요 관심 제품/서비스 • 고객 선호 가격대 등	– 데이터 기반의 랜딩페이지 UI/UX 최적화 – 제품/서비스 다양화	• 회원 가입률 • 조회/검색 수 • 재방문율, 체류시간
구매 구매 의사결정	• 고객 유형별 기대 제품 • 고객 유형별 실제 선호 제품 • 이용 만족도	– 구매 고객 만족도 및 상품 경쟁력 분석 – 고객별 구매 트렌드(지불예상금액, 선호도 등)	• 구매율 • 평균 구매 객단가 • 구매 전환율 등
재구매 반복/교차판매	• 재구매 고객 유형 • 교차판매 가망고객 유형 • 시즌별 이슈 파악	– 양질의 고객 확보 및 개인화 서비스 제공 – 맞춤형, 정기 서비스 교차 제안 및 테스트	• 재구매율 • 재구매 주기 • 고객 보유율 등
추천 평가 및 피드백	• 바이럴 지수 • 고객 문의	– 고객 만족요소 정량화 및 개선 – 소개, 홍보에 대한 리워드 방안 수립	• 고객만족지수 • 고객 추천 지수 • 고객 생애 가치 등

| 구매 여정별 데이터 활용 방법 – 에스코어(2018)

가장 오른쪽 성과 지표 항목이 데이터 분석을 통해 개선하고자 하는 목표가 된다. 이를 달성하기 위해서는 기업의 노력이 필요하지만, 무턱대고 지표에만 매달려서는 아무것도 이룰 수 없다. 성과 지표를 개선하기 위해서는 처음 확보하는 데이터를 곰곰이 들여다보고 고객의 마음을 가늠한 후 수집된 데이터를 활용한 구체적인 개선 활동이 진행되어야 한다.

고객 획득(Acquisition) 단계에서 웹사이트 또는 앱에 유입된 방문자가 어느 경로를 통해 접근해왔는지를 각 획득 경로별로 파악해야 한다. 채널별 신규 방문자 수, 신규 가입한 회원 수, 기간별 방문자 수(DAU, WAU, MAU)를 파악해서 가장 효과적인 한 두 개 채널에 집중할지 또는 다른 효율이 높은 채널에 방문자 모집 노력을 기울일지를 판단한다.

다양한 채널에서 방문자를 끌어 모았다면 이들이 서비스를 잘 이용하는지 확인해야 한다. 고객은 웹사이트에 머물면서 마우스로 이곳 저곳 클릭하기도 하고, 원하는 콘텐츠를 검색하며, 제품을 장바구니에 담기도 한다. 때로는 검색하던 제품을 주문하기도 하고, 또 때로는 처음 의도와 달리 웹사이트를 돌아다니면서 본 제품을 구매하기도 한다. 확실한 사실은 고객이 웹사이트나 앱에 방문한 후 1분도 안 되어 나가버리거나 메인 화면에만 접속했을 뿐 다른 페이지나 메뉴를 제대로 둘러 보지 않는다면 서비스 본질 가치가 전혀 제공되지 않는다는 것이다. 예를 들어 대규모 공성 전쟁이 핵심 콘텐츠인 게임 서비스가 있다 치자. 어떤 유저가 게임을 시작하여 캐릭터 레벨을 올리고, 퀘스트를 수행하며, 던전을 돌면서 아이템을 얻었다 한들 대규모 공성 전쟁에 참여하지 않았다면 게임에서 제공하는 핵심 재미를 제대로 즐겼다 할 수 있을까? 서비스를 이용하면서 핵심 가치를 느끼지 못한 방문자는 서비스에 매력을 느낄 수 없을 것이고, 따라서 정착(Stickiness)할 리 만무하다.

그러므로 활성화(Activation) 단계에서는 웹이나 앱에 접근한 유저가 최단 경로로 수월하게 서비스의 핵심 기능을 경험하도록 도와주기 위한 랜딩페이지 최적화(LPO: Landing Page Optimization)가 중시된다. 서비스에 유입되는 방문자가 가장 먼저 보는 웹이나 앱 페이지를 랜딩페이지라 한다. 유저는 랜딩페이지가 제공하는 메뉴나 목록, 추천 항목, 검색 기능 등을 통해 서비스 전체의 내용을 파악하고 원하는 콘텐츠나 기능을 찾아 이동한다. 만약 서비스에 처음 접속했을 때 보이는 화면에서 원하는 바를 찾기가 어려우면 방문자는 지체하지 않고 떠나 버리기 마련이다.

정착 엔진(Sticky Engine of Growth)이 잘 돌아가게 하려면 활성화(Activation) 단계에서 방문자 수, 방문자의 평균 체류 시간, 페이지 뷰, 이벤트 참여도(engagement), 랜딩페이지 이탈률(bounce rate) 등의 데이터를 측정한다. 만약 고객 획득(Acquisition) 단계에서 확인되는 신규 방문자 수가 많음에도 불구하고 페이지 뷰, 체류 시간 등 활성화(Activation) 관련 수치가 낮다면 각 페이지별로 활성화도를 면밀히 검토하고 서비스의 UI[17]와 UX[18]를 개선해 유저의 불편을 해소해야 한다. 최근에는 이러한 UI와 UX 개선을 위해서 시제품을 만들고 테스트를 거쳐 Product-Market Fit이 검증된 후 확산하는 디자인씽킹(Design Thinking)[19]이 대세로 자리 잡고 있다.

예를 들어 페이스북은 동시간대에 접속한 두 사람에게 조금씩 다른 화면

---

17. User Interface. 원하는 작업을 수행하기 위해 명령을 내리는 사용자 환경을 말한다. 메뉴 구성이나 화면 배치, 레이아웃, 색감, 버튼 크기, 안내 문구 등을 종합적으로 뜻한다.
18. User Experience. 사용자가 어떤 서비스를 이용하면서 보고 듣고 느끼며 반응하는 총체적인 경험을 말한다. UI는 시스템과 사람이 연결되는 환경을, UX는 이로부터 파생되는 사용자의 다양한 경험(지각, 감정, 반응 등)을 가리킨다.
19. 디자인씽킹은 공감(empathy), 문제 정의(Define), 아이디어 발굴(Ideate), 시제품 제작(Prototype), 실험 및 평가(Test)의 5가지 단계를 순환하며 더 나은 디자인을 찾아가는 프로세스를 말한다. 더 자세한 설명을 원한다면 로저 마틴의 저서 [디자인 씽킹(Design Thinking)]을 참고하기 바란다.

구성을 제공하는 경우가 많다. 실험을 통해 더 나은 반응을 얻은 디자인을 파악해서 전체 유저에게 적용해가려는 것이다. 실험 방법은 간단하다. 다음 그림처럼 방문자 중 일부를 무작위로 선별해 다른 디자인을 보여주고 더 좋은 유저 참여도를 기록한 디자인을 선택하는 것이다. 현재 디자인이 7%, A안이 12%, B안이 10%의 실적을 보인다면 모든 방문자에게 A안의 디자인을 보여줌으로써 서비스에 대한 총체적인 유저 경험을 향상시킬 수 있게 된다.

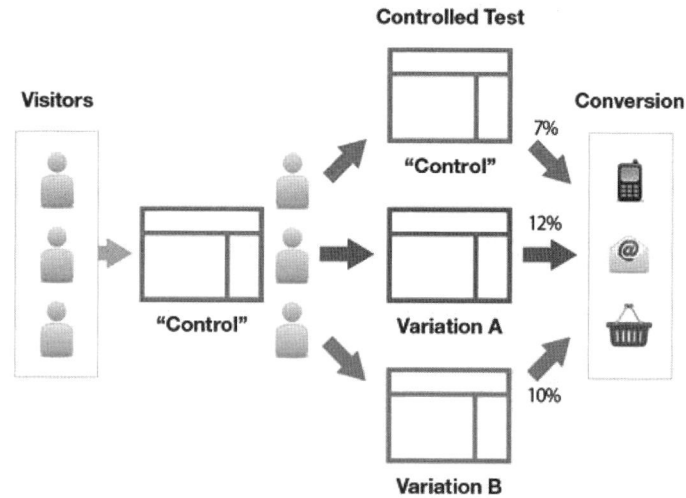

| 가장 높은 전환율을 기록한 시안으로 랜딩페이지 최적화를 도모한다.

고객 유지(Retention) 단계의 목표는 서비스를 한 번 경험한 사용자가 재사용하게 하는 것이다. 새로 연 가게에는 으레 "오픈발(신장개업)"이 있다. 시작을 축하하려 가족과 친지, 동창, 전 직장 동료 등이 우르르 몰려와 매상도 올려 주고 왁자지껄 기운을 북돋아 주는 것이다. 깨끗하게 새로 단장한 가게가 시끌벅적하니 손님이 많으면 지나가던 사람들도 괜히 한 번 들여다보게 되고 뭐라도 하나 팔리기 마련이다. 신규 매장은 대개 오픈 초기 몇 달가량은 개업

발로 흥한다. 그러나 시간이 지나면서 한 번 방문했던 고객이 단골로 정착되어 꾸준히 매출을 내는 가게와 파리 날리는 가게로 나뉘는 걸 쉽게 볼 수 있다. 고객이 유지(Retention)되지 않기 때문이다. 비단 동네 구멍가게만의 문제가 아니다. 허니버터칩, 꼬꼬면, 마유크림, 클라우드 맥주 등 일명 "증설(增設)의 저주"[20]를 맞은 제품을 찾기 어렵지 않다.

이러한 실수를 벗어나기 위해 고객 유지(retention) 단계에서는 우리가 목표로 하는 제품의 핵심가치가 고객에게 잘 전달되는 가를 살펴봐야 한다. 예를 들어, 유입된 고객이 지속적으로 재방문하는 비율과 같은 지표(재방문율)를 모니터링한다. 제품의 핵심 기능을 사용해본 고객이 제품/서비스에 만족했다면 다시 방문해서 재사용하거나 제품을 재구매할 것이다. 지난번에 "요즘 마소캠퍼스 동영상 강의를 보고 있어"라고 했던 친구가 몇 달 지나 다시 만났을 때도 여전히 같은 웹사이트에서 다양한 동영상 강의를 들으며 공부하고 있다고 말한다면? 누구나 한 번쯤 "지난번에도 그거 한다더니! 거기 어떤데?"라고 물을 것이다. 한 명의 고객을 유지하는 것은 해당 고객의 CLV를 늘리는 것 외에도 추천(referral)에 기여하므로 중요한 단계이다.

재방문율이 낮아지는 이유는 많다. 초기 사용 시 원하는 콘텐츠를 찾고 기능을 실행하는 게 너무 어려워 다시 사용하지 않겠다고 생각했을 수도 있고, 한 번이라면 사겠지만 반복 구매하기에는 비싸다고 여겼을 수도 있다. 또는 단 한 번의 이용으로 서비스의 모든 것을 속속들이 파악할 만큼 콘텐츠의 양이 부족할 수도 있다. 만약 서비스 이용의 불편이 문제라면 고객이 어느 단계에서 이탈하는지 세심히 살펴 기능을 개선하는 노력이 선행되어야 한다.

---

20. 초기에 선풍적인 인기를 끄는 제품의 공급 부족을 해결하기 위해 공장 설비를 증설하였으나 제품의 인기가 하락해 고스란히 기업의 손해로 남는 현상을 말한다. 최근에는 제품의 유행 주기가 짧아지며 문제가 심화하고 있다.

그럼에도 불구하고 상황이 개선되지 않는다면 고객에게 전달하는 절대 가치가 부족하다고 판단할 수밖에 없다. 다시 처음으로 돌아가 Product-Market Fit을 검증할 때다.

AARRR에서 가장 중요한 단계는 매출(Revenue)이다. 누가 뭐래도 사업의 목적은 수익 창출이다. 제아무리 많은 고객이 유입되고, 서비스 핵심 기능을 이용해보고, 반복 사용하며, 입소문이 나도 매출이 나지 않는다면 기업은 지속될 수 없다. 그러므로 서비스에 유입된 고객의 지갑을 열 수 있도록 해야 한다. 이때 활용되는 지표가 매출 전환율(Conversion Rate), 평균 결제액, 투자 대비 수익(ROI), 광고 수익(ROAS) 등이다. 유입되는 방문자가 유료 결제까지 도달하는 비율을 높이고, 서비스의 유지 및 개선과 고객 획득을 위해 투입되는 비용을 상회하는 매출을 일으키는 흑자 운영으로 기업을 존속시키며, 고객들이 평균적으로 지불하는 금액을 토대로 상품 가격을 고가로 할지 중저가 제품 위주로 편성할지 등을 판단할 수 있다. 또한 고객의 생애 가치(CLV)와 고객당 획득 비용(CAC : Customer Acquisition Cost)을 비교함으로써 결제 엔진(Paid Engine of Growth)의 성능을 평가하고 개선안을 모색할 수 있다. 일반적으로 린 애널리틱스(Lean Analytics)에서는 비즈니스의 견실한 성장을 위해 고객 획득 비용(CAC)보다 고객 생애 가치(CLV)가 3배 이상 높아야 한다고 본다.

추천(Referral)은 고객이 주변 사람들에게 서비스를 얼마나 알리고 홍보하는가를 뜻한다. 추천이 일어나는 장소와 시점, 형식이 너무나 다양하여 정형화하기 어렵지만 주로 소셜미디어의 좋아요나 공유 수, 고객 설문조사를 통해 파악되는 '지인 추천'의 정도 등으로 가늠한다. 추천은 티핑 포인트(tipping point)에 다다르기까지 위력이 잘 감지되지 않는 경향이 있지만 그로스해킹이 보여주는 급속 성장의 가장 중요한 요소로 간주한다. 추천을 늘리기 위해서는 입소문 엔진(Viral Engine of Growth)을 제품에 내재화시키는 정교한 전략을 통해 바이럴루프(Viral Loop)를 만들고,.고객의 입소문을 일으키는 비율(바이럴 계수-Viral Coefficient)을 높이는 노력을 경주한다.

바이럴 요소를 제품에 내재화한다는 것은 제품을 사용하면서 자연스럽게 주위에 제품 사용을 추천하는 상황을 뜻한다. 카카오 게임을 해본 적이 없더라도 카카오톡을 통해 카카오게임을 추천 받아본 적이 있을 것이다. 카카오 게임을 즐기는 유저에게 게임 이용에서의 크고 작은 제약을 가하고, 해당 제약을 풀기 위해서 지인에게 카카오 게임 가입을 유도하는 대신에 게임에 이용 가능한 아이템을 얻을 수 있도록 설계하는 등 제품이나 서비스를 이용하면서 자연스레 주위에 추천할 수 있도록 하는 바이럴 요소의 제품 내재화는 매우 중요한 그로스해킹 전략이 된다.

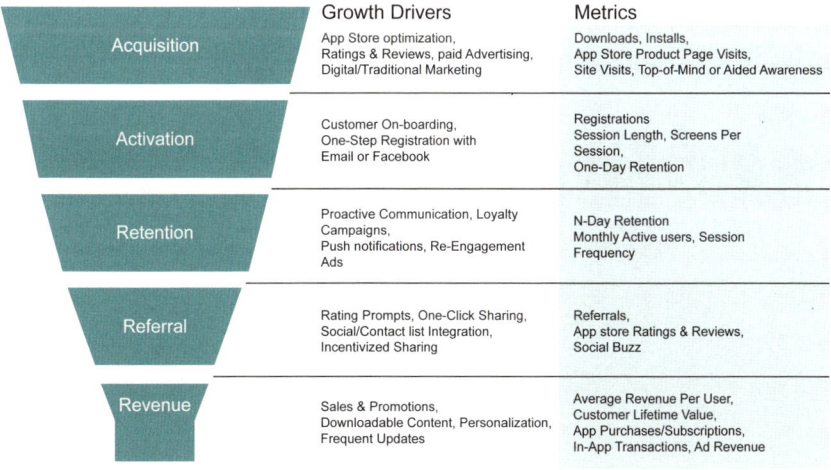

| AARRR의 성장 기제와 지표 정리 - Apptentive(2018)

AARRR을 깔때기로 표현하는 목적은 프레임워크를 개념적으로 쉽게 이해하기 위함일 뿐 이 순서가 절대적이지는 않다. 일단 소비자의 구매 여정을 선형적이라고 단정하기가 어렵다. 당신은 직접 비용을 지불하고 이용해

본 적이 있는 서비스만을 친구에게 추천하는가? 잘 모르지만, 누군가에게서 들은 말을 전해줄 수도 있고, 단순히 한 두 번 정도 사용해본 정도로 추천할 수도 있으며, 단골 서비스를 추천해줄 수도 있다. 추천(Referral)이 어느 시점에서 일어나는가를 콕 집어 말하기는 어렵다. 더불어 AARRR이 ARM과 성장 엔진(Engine of Growth)의 결합임에도 불구하고, 이를 퍼널로 표현하면 성장 엔진(Engine of Growth)를 제대로 파악해내기가 어려워진다. 그러므로 AARRR을 억지로 퍼널 분석(Funnel Analytics)[21]에 끼워 맞추려 할 필요는 없다. 비즈니스 모델이란 선형의 간단한 깔때기로만 표현되지 않고, 바이럴 성장 엔진의 위치도 고정되어 있지 않기 때문이다.

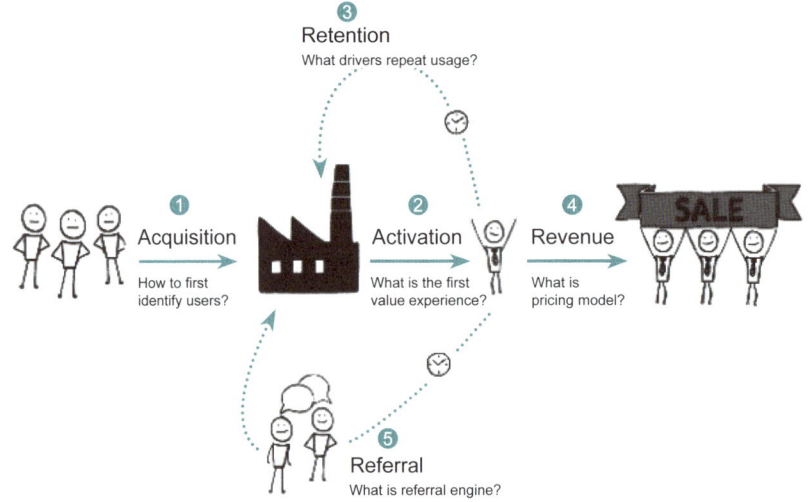

| 플로우 차트로 표현한 AARRR – Ashmaurya(2018)

AARRR을 흐름에 집중해 그림으로 표현하기도 한다. 중앙을 가로지르는

---

21. 고객이 유입되어 전환에 이르기까지의 주요 단계를 추적하여 수치로 확인함으로써 각 단계별 전환율, 이탈률 등을 확인하고 서비스의 개선점을 확인하는 데 도움을 주는 분석 방법이다.

❶고객 획득(Acquisition)과 ❷활성화(Activation), ❹매출(Revenue)은 ARM 분석 프레임워크를 나타낸다. 이 과정을 거치면서 식별되지 않았던 단순 방문자인 고객이 서비스 만족도가 높은 충성 고객으로 거듭나게 된다. 또한 고객이 ❶ 회원으로 유입되는 시점이나 ❷ 서비스의 핵심 가치를 사용하는 활성화 시점에 ❹ 비용을 지불함으로써 기업은 수익을 얻어낼 수 있다. 이 과정에서 고객의 생애 가치[22]를 높이기 위해 결제 엔진(Paid Engine of Growth)을 강화하는 방안을 모색해야 한다. ❸ 고객 유지(Retention)를 탄탄히 하려면 고객에게 더 나은 가치를 제공함으로써 고객이 지속적으로 서비스를 재사용하도록 유도하는 정착 엔진(Sticky Engine of Growth)이 필요하다. 마찬가지로 ❺ 추천(Referral)은 고객이 서비스를 이용할수록 다른 사용자에게 서비스가 널리 알려지고 새로운 사용자를 유입시키는 입소문 엔진(Viral Engine of Growth)을 갖출 때 비로소 막강해진다.

AARRR을 깔때기로 표현하든 그림으로 표현하든 본질적인 요소는 달라지지 않는다. 깔때기로 표현하면 개념을 순차적으로 이해하고, 단계별 이탈률을 한눈에 파악하는 장점이 있다. 그러나 고객의 구매 여정은 비선형적(Non-Linear)이어서 추천(Referral) 상황을 파악하기가 어렵고 그로스해킹을 일으키는 성장 엔진(Engine of Growth)이 직관적으로 드러나지 않는 단점이 있다. 이와 달리 AARRR을 그림으로 표현하면 비즈니스의 전체 흐름과 성장 엔진을 파악하기에는 용이하지만 퍼널 분석처럼 체계적으로 지표를 관리하기는 쉽지 않다. 따라서, AARRR 분석 프레임워크를 적용할 때는 이 두 가지 방식을 모두 활용하여 상호 보완하는 것이 좋다.

---

22. Customer Lifetime Value (CLV). 한 명의 고객이 평생 한 회사의 제품 또는 서비스를 이용하며 지출할 금액을 가리킨다. 다소 복잡한 산출식으로 계산한다.

Product-Market Fit과 AARRR

AARRR대로 순차적으로 흘러 유입된 고객이 서비스 품질에 만족하고 유료 결제하되 2~3년쯤 걸린다면 어떻겠는가? 제아무리 좋은 프레임워크라도 사업 초기의 기업에 "~년 후의 수익성" 따위는 중요치 않다. 그때까지 회사가 버틴다는 보장이 없기 때문이다.

그러므로 사업 초창기에는 오로지 Product-Market Fit을 달성했는지만 중요할 뿐이다. 마크 안드레센(Marc Adreessen)의 말을 빌리면 "Product-Market Fit이란 의미 있는 규모의 시장을 만족시키는 제품을 출시하는 것"이다. 일단 기업이 살아남을 수 있는 크기의 시장을 빠르게 확보해야만 다음을 생각할 수 있다. 에릭 리스는 이를 린 애널리틱스(Lean Analytics) 모델로 정리하였다.

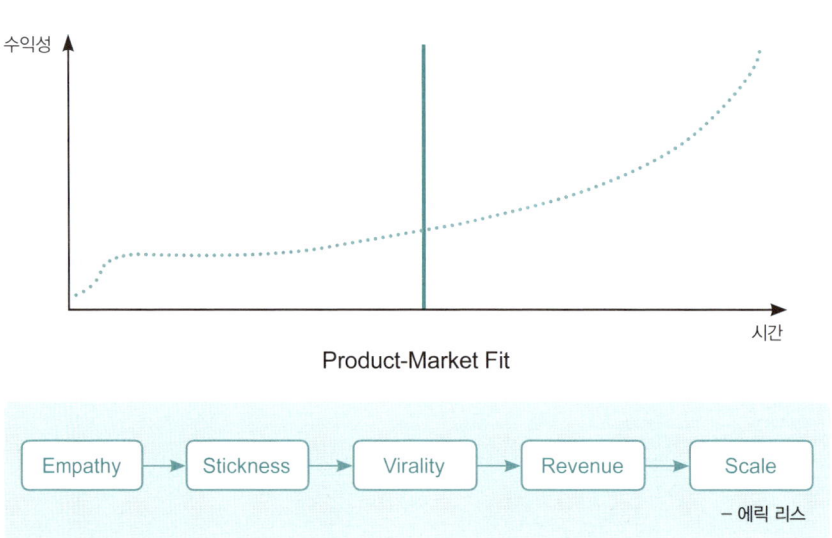

| 린 애널리틱스 모델은 Product-Market Fit 전후로 다른 전략을 취한다.

Product-Market Fit 이전에는 시장이 원하는 제품과 서비스를 만드는 데 집중한다. 이를 제품 및 고객 개발 단계라 한다. PMF가 달성된 이후에는 시장의 요구 사항에 맞게 제품과 서비스를 세부 조정하고 최적화한다. 이를 마케팅 및 운영 최적화라 한다.

현실적으로 대다수 스타트업은 전반부에 머물고 있지만 여러 데이터 분석 모델이나 기법은 주로 후반부의 마케팅 및 운영 최적화를 주로 다루는 경향이 있다. 더군다나 디자인씽킹, 린스타트업, 애자일 방법론, 그로스해킹 등 비슷해 보이는(물론 자세히 들여다보면 아주 다르다) 용어가 많다 보니 이해하기 어려운 것도 사실이다. 이들의 관계를 단순화해서 설명하자면 다음 그림과 같다.

그로스해킹이란 시장에 적합한 제품을 만들어낸 후(Product-Market Fit) 창의성과 분석적 사고, 소셜 매트릭스를 활용해 급속 성장을 도모해나가는 마케팅

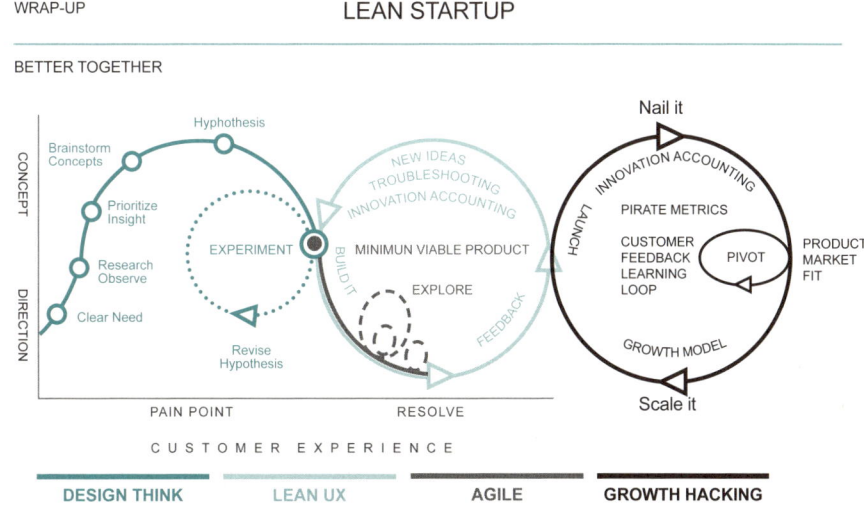

디자인씽킹, 린 UX, 애자일, 그로스해킹을 활용하는 기업을 린스타트업이라 한다.

적 사고방식이다. 그로스해킹의 전 과정은 객관적 데이터 기반으로 판단하는 것을 추천한다. 이를 위해 다양한 데이터 분석 프레임워크가 활용되며, 일반적으로 많이 활용되는 데이터 분석 프레임워크가 바로 AARRR인 것이다.

그렇다면 시장에 적합한 제품은 어떻게 만들어 내는가? 이를 위해서는 가장 먼저 소비자를 이해하고 제품을 기획하는 단계가 필요하다. 디자인씽킹(Design Thinking)의 영역이다. 기획자의 머릿속에, 손끝에, 종이 위에 있던 제품이 형상을 갖추려면 구성 요소를 편리하고 흥미롭게 배치해야 한다. 고객이 제품을 사용하는 상황을 하나하나 따져 제품을 사용하는 것이 대단히 즐겁고 행복한 경험이 되게 하려는 노력을 Lean UX라 한다. 최고의 고객 경험을 찾아내려면 다양한 실험이 필요하고, 실험을 위한 시제품(Prototype)도 필요해진다. 처음부터 정해진 단 하나의 완성품을 오랜 시간과 비용을 들여 개발하기보다는 빠른 속도로 최소 요건 제품(MVP)을 만들고, 피드백을 받아 다음 제품에 반영하는 애자일 개발 방법(Agile Development Process)이 빛을 발하는 시점이다.

디자인씽킹과 린 UX, 애자일 방법론, 그로스해킹은 서로 맞물려 돌아가는 톱니바퀴와 같다. 게다가 이 톱니바퀴들은 신속함과 실증적인 데이터, 실험 및 가설 검증, 일단 작게 시작하고 실험을 거쳐 점진적으로 개선해나가는 방식이 중시된다는 측면에서 닮은꼴이기도 하다. 이 톱니바퀴들을 묶어 멋진 목표 제품을 만들어 내려는 기업을 린스타트업(Lean Start-up)이라 부른다.

그로스해킹이란 하늘에서 뚝 떨어진 개념은 아니며 분석 방법이나 수집하는 데이터, 개선안 등이 디자인씽킹, 애자일 방법론 등과 겹치기도 하고 비슷한 면도 많이 있다. 예를 들어 여러분 회사가 그로스해킹을 시도하려는 데 제품이 Product-Market Fit을 검증해본 적 없다면 어떻게 해야 할까? Product-Market Fit부터 확인해야겠다며 이미 만들어둔 제품을 모두 버리고 백지에서 다시 시작하겠는가? 현실적으로는 불가능에 가까운 결정이다. 린스타트업의 방법론을 완벽한 이론과 완벽한 조건, 완벽한 데이터를 지향하는 것으로 이해하면 곤란하다. 현재 상황을 데이터를 기반으로 파악해 개선해나가는 민첩한 노력을 꾸준히 하라는 것으로 받아 들여야 옳다. 그로스해킹의 본질은 급속 성장을 이룰 수 있는 기업의 태도에 있다.

만약 여러분이 아직 Product-Market Fit을 달성하지 않았다면 AARRR 중 활성화(Activation)와 고객 유지(Retention)에서 좋은 결과를 거두기 어렵다. 이 두 단계는 제품의 본질적인 가치 지표(Value Metrics)를 주로 보여주기 때문이다. 매출(Revenue)이란 사업의 궁극적 목표가 되며 사실상 최종 결과이다.

Product-Market Fit을 달성한 기업이라면 성장 지표(Growth Metrics)라 할 수 있는 고객 획득(Acquisition)과 추천(Referral) 단계의 실질적인 지표 개선 노력이 회사의 빠른 성장에 필요하다. 다만 Product-Market Fit이 달성되지 않은 채로 성장 지표에만 매달리는 것은 500억 매출에도 무너진 스베누의 일장춘몽(一場春夢)을 답습하는 것임을 잊지 말자.

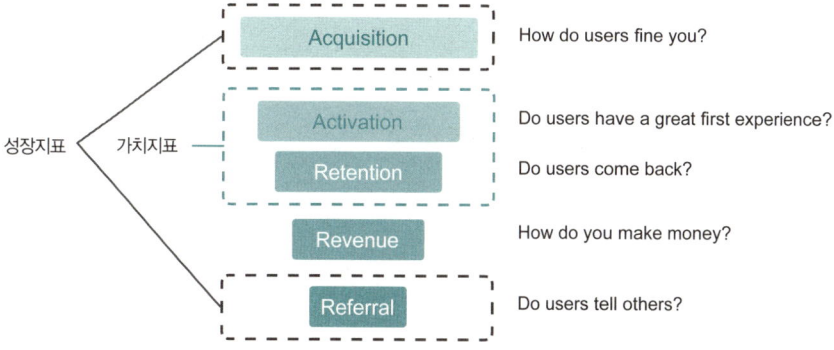

| AARRR의 가치 지표(Value Metrics)와 성장 지표(Growth Metrics)

GROWTH HACKING
CHAPTER

03

고객 획득 단계 분석
- Acquisition

고객 획득 단계 분석
- Acquisition

Product-Market Fit을 달성한 제품은 이제 본격적으로 규모를 확장(scale up)하고 성장을 시도한다. 사업이 성장하려면 ❶고객의 수가 증가하거나 ❷고객당 결제 금액이 증가하는 둘 중 하나가 이뤄져야 한다. 서비스에 유입되는 고객 수 지표를 늘려나가려면 광고홍보 예산을 늘리면서 눈에 띄는 메시지로 고객의 눈길을 사로잡고 클릭을 유도하면 된다. 이와 달리 고객당 결제 금액을 증가시키려면 구매를 적극적으로 고려하는 고객을 파악해 비슷한 역할

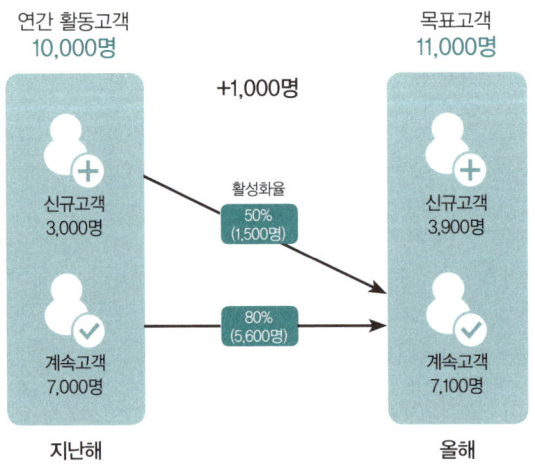

| 목표 활동고객 수를 정하고 유지율을 반영하면 신규 고객 목표가 정해진다.

을 하는 고가의 제품으로 상향 판매를 유도하거나 새로 추가된 제품을 교차 판매해야 한다. 현실적으로 어느 쪽이 더 쉬울까? 당연히 고객 획득(Acquisition)을 늘리는 것이다.

안타깝게도 한 번 확보한 고객이 계속 제품/서비스를 이용하며 남지 않는다. 새로 온 고객 중 일부만이 핵심 기능을 이용하고(Activation), 몇몇 유저는 이탈한다. 만약 현재 연간 서비스 이용고객이 1만 명인 서비스를 상상해보자. 지난해 이 서비스를 찾았던 방문자는 총 3만 명이었지만 2만 명은 이탈했고, 1만 명만 서비스를 이용한다. 남아 있는 1만 명 중 7,000명은 서비스를 꾸준히 이용하는 핵심 고객이며, 3,000명은 지난해 유입된 신규 고객이다. 만약 신규 고객의 활성화율은 50%이고, 핵심 고객의 유지율은 80%라 치자. 올해 고객을 1만 5,000명으로 늘리려면 몇 명의 신규 고객이 필요한가? 활성화율이 유지된다고 가정하면, 지난해 신규 고객 중 1,500명, 핵심 고객에서 지속적으로 서비스를 이용할 것이라 예상되는 고객 5,600명의 총 7,100명이 유지되리라 예상된다. 그러므로 7,900명의 신규 고객이 필요하다는 목표치를 세울 수 있다.

고객 획득(Acquisition) 단계에서는 신규 고객 목표치를 달성하기 위해 2가지 측면을 검토해야 한다. 하나는 Message-Market Fit(메시지-시장 적합도)이다. 제품의 가치를 목표 고객이 수긍할만한 문장, 이미지, 동영상 등으로 표현해내는 것이다. 마케팅 메시지를 무료로 전달하든 유료로 전달하든 잠재고객이 제품에 관심을 갖고 흥미를 느낄만한 메시지를 만들어내지 못한다면 무의미하다. 또한 목표 고객의 나이나 성별, 메시지를 접하는 채널 등에 어울리지 않는 말투(Tone and Manner)를 택하면 마케팅 효과는 떨어진다.

또 다른 하나는 Product-Channel Fit(제품-경로 적합도)라 한다. 고객이 우리 서비스에 어떤 경로로 접근하는지를 파악해 고객에게 가장 효과적으로 접근할 수 있는 채널을 찾아내고, 해당 채널에 기업의 노력과 자원을 집중하는 노력을 가리킨다. 이 단계의 데이터 분석에서 많이 쓰이는 아래 몇 개 용어를 미리 알아두자.

용어	설명
채널	고객이 우리 서비스에 접근할 때 사용한 다양한 서비스들로 네이버 블로그, 페이스북, 인스타그램, 유튜브 등이 주요 채널에 해당한다.
방문자 수(Visit)	선택한 기간 동안 해당 사이트에 유입된 모든 사람의 수. 중복 방문을 허용한다.
순 방문자(UV)	해당 사이트에 들어온 중복되지 않는 고유 방문자 수. 어떤 사람이 2회 이상 중복 방문하여도 UV는 1회로 센다.
페이지 뷰(PV)	웹사이트에 접속한 사용자가 둘러본 페이지의 수
유입당 페이지 뷰	사용자가 1회 접속 시 몇 개의 페이지를 둘러 보는가를 수치로 나타낸 것
유입당 결제율	고객의 1회 접속당 결제 비율. 당일 결제 횟수 ÷ 유입 횟수
전환율	전체 사용자 중 기업이 소비자에게 기대하는 행동(Action)을 달성한 사용자의 비율

| 고객 획득 관련 주요 용어표

알짜배기 고객 찾기

웹사이트에 접속하는 방문자는 매우 다양하다. 물건을 구매하려고 검색한 결과를 클릭하고 들어온 사람, 그냥 시간을 때우려 인터넷 서핑 중인 사람, 다른 것을 클릭하려다가 실수로 들어온 사람, 장바구니에 물건을 담아두기는 했지만 고민만 하다가 결국 사지 않는 사람, 자기가 쓰려고 사는 사람, 애인이나 친구에게 사주려고 물건을 살펴보고 있는 사람, 해당 제품을 이미 샀지만 자기가 잘 산 건가 싶어 괜히 미련 갖고 둘러 보는 사람, SNS를 하다가 본 광고에 혹해서 클릭해 들어온 사람 등 여러 부류의 사람들이 있다.

기업 입장에서는 방문객 한 명이 아쉽지만 사실 모든 방문자의 가치가 똑같지는 않다. 구매 의향이 가장 두드러지는 사람부터 우선적으로 전환으로 이끌어야 전환당 비용(CPA : Cost Per Action)이 낮아진다. 잠재고객을 전환으로 유도하는 메시지는 각양각색이다. 어떤 사람은 10%가량 할인해주면 기꺼이 지갑을 열고, 누군가는 타임세일이나 1+1 프로모션에 약하다. 매진 임박이라는 말만 보면 조급해지는 사람도 있다. 가격보다는 앞선 구매자들의 많은 사용 후기나 별점을 확인해야 사는 사람도 있고, 드라마에서 예쁘고 멋있는 배우가 입고 나온 옷만 보면 갖고 싶어 하는 사람도 있다. 똑같은 옷을 사더라도 소재의 부드러움을 중시하는 사람도 있고, 흔치 않은 색상에 반하는 사람도 있으며, 세탁 및 의류 관리의 용이함에 예민한 사람도 있다. 정작 옷 자체보다 사은품으로 딸려 오는 연예인 싸인 엽서에 혹하는 사람도 있고, 당장 내일 있는 결혼식에 입고 갈 옷이 필요한 사람도 있다. 이렇듯 다양한 고객의 요구(needs)에 적절히 대응하고자 우리는 잠재고객을 세분화(segmentation)하고, 가장 수월하게 큰 이익을 안겨줄 알짜배기 고객을 중점적으로 공략한다.

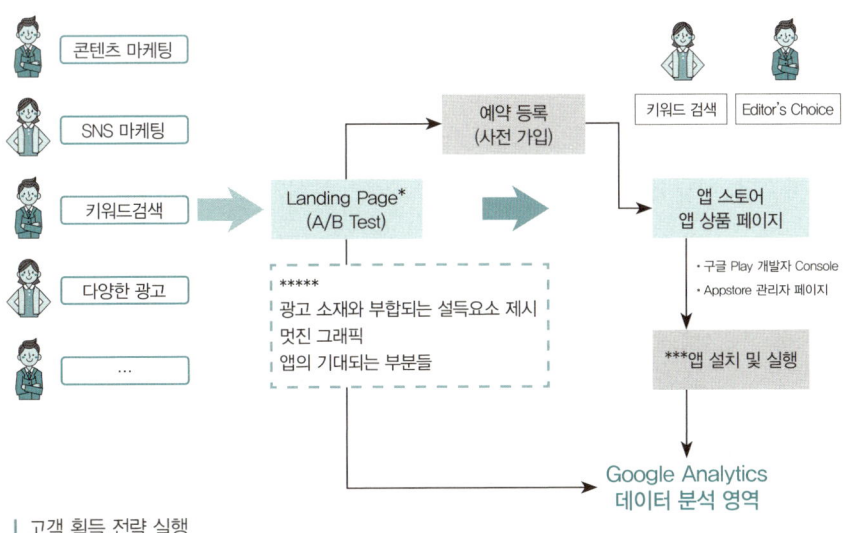

| 고객 획득 전략 실행

그렇다면 우리 웹사이트에 들어온 사람 중 누가 알짜 고객인지 어떻게 파악할 수 있을까? 일단 목표 고객의 페르소나(Persona)를 작성한 후 해당 고객군의 전환율이 실제로 높은지 확인한다. 더불어 혹시 빠트린 고객군이 있는지 체크하면 된다. 이 과정을 구글 애널리틱스를 활용해 실행하는 방법을 알아보자.[23]

목표 고객의 페르소나 작성

알짜배기 고객 찾기의 첫 단계는 고객 페르소나 설계이다. 고객 페르소나(Customer Persona)란 현실에 존재하지는 않지만, 다수 고객의 전형적인 특성을 가진 허구의 존재이다. 옷 하나를 사더라도 성별, 키, 좋아하는 색상이나 스타일, 패턴, 구매 수량, 쇼핑몰 방문 빈도, 1회 구매당 결제 금액 등이 천차만별이다. 이들을 비슷한 속성을 가진 사람들끼리 묶어 몇 개의 고객군으로 나누고, 각 그룹의 전형적인 특성을 대표하는 가상의 인물로 묘사하면 고객 페르소나가 만들어진다. 다른 말로 "세분 시장 프로필"(Segmentation Profile)이라고도 부른다.

비슷한 사람들끼리 묶는데 많이 쓰이는 분석기법이 바로 클러스터링(Clustering)이다. 최근에는 머신러닝(machine Learning) 기술이 발달하여 K-means Clustering[24] 같은 시장세분화(Market Segmentation) 방법을 손쉽게 쓸 수 있다. 세

---

23. 이 책은 사실상 업계 표준이며 무료인 구글 애널리틱스(GA : Google Analytics)를 활용해 대부분 사례를 설명한다. 그러나 데이터 분석 도구는 구글 애널리틱스 외에도 매우 많고 다양하다. 동일한 실험을 다른 분석 도구로도 검증할 수 있으며, GA에서 얻지 못한 의미 있는 인사이트를 얻을 수도 있음을 주지하기 바란다.
24. 2장의 그로스해킹 분석 모델에서 언급한 바 있다.

분 시장을 구성하는 고객을 분류할 때는 몇 가지 질문을 통해 유사한 패턴을 파악한다.

- 그들은 누구인가? – 연령, 성별, 거주지, 직장, 직업, 소득 수준, 언어, 학력, 자녀유무 등
- 그들이 원하는 것은 무엇인가? – 라이프스타일, 취미, 사고방식, 관심사, 특별한 니즈 등
- 그들은 무엇을 어디에서 구매하는가? – 구매 행동 패턴, 구매 빈도, 평균 결제금액, 가격 저항선 등
- 어떻게 그들을 만나 커뮤니케이션할 수 있는가? – 활동하는 커뮤니티, 주로 이용하는 SNS, 좋아하는 TV 프로그램, 디바이스 정보 등

| 세분 시장을 구성하는 고객은 누구인가?

예를 들어 천연비누 쇼핑몰을 운영하고 있다고 치자. 잠재고객이 제품/서비스를 기억하고 관심 갖게 되는 이유가 무엇인지, 제품/서비스를 체험해보도록 동기 부여해주는 것이 무엇인지, 제품/서비스를 이용할 때 그들은 제품/서비스의 어떤 요소에 상당량의 시간과 관심을 쏟는지, 어떤 요인이 고객들로 하여금 제품/서비스를 확신하고 구매하게 만드는지, 기존의 유사 제품/서비스를 사용하는 사람들이 주로 느끼는 문제점이 무엇인지 등을 바탕으로 쇼핑몰에 방문하는 잠재고객을 여러 고객군으로 나눌 수 있다. 그들은 잔치 등의 답례품을 찾는 30대이거나 화학제품을 덜 쓰려는 40대일 수도 있으며, 여드름으로 고민 중인 10대일 수도, 기존에 쓰던 천연비누의 향이 싫은 20대일 수도, 아이가 아토피로 고생 중이라 안타까워하는 부모일 수도 있다. 원활한 마케팅을 위해 통상적으로 5~10개 안팎으로 고객군을 분류해 페르소나를 작성한다.

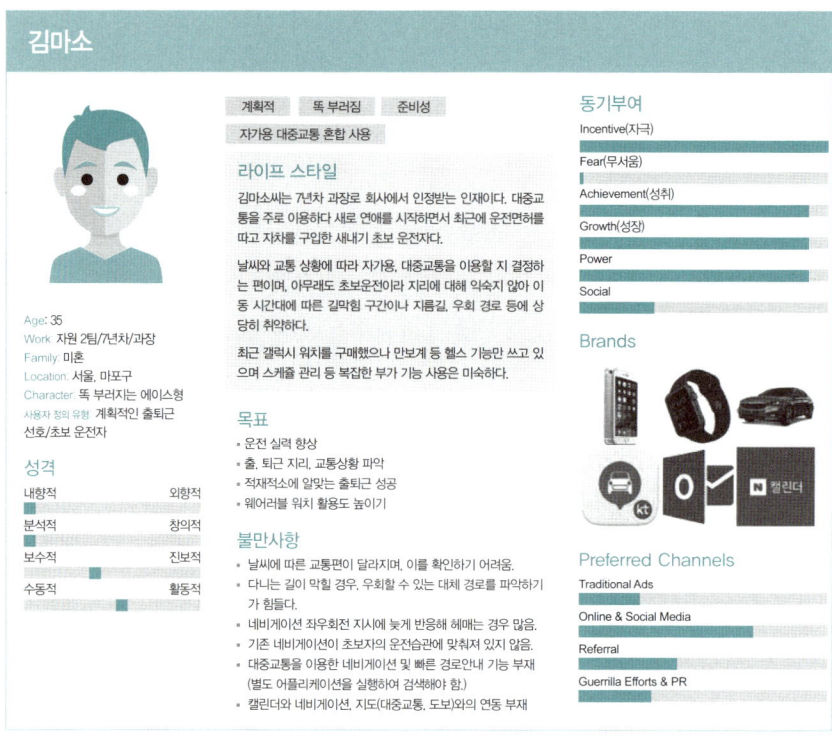

| 고객 페르소나 샘플

　페르소나의 프로필을 작성한 후 잠재고객 모델링이 실제와 일치하는지 대조해야 한다. 구글 애널리틱스가 수집한 데이터를 정리해 보여주는 다양한 보고서를 참고할 수 있다. 이 책은 AARRR의 실무 적용을 개괄적으로 다루며 구글 애널리틱스의 세세한 사용법을 설명하지는 않는다. 구글 애널리틱스는 AARRR 분석에 활용할 수 있는 여러 도구 중 하나로서 사용법을 잘 몰라도 이 책의 흐름을 따라가는 데는 문제없다. 만약 구글 애널리틱스 사용법을 익혀 이 책의 내용을 즉각 적용하고 싶다면 [구글 애널리틱스를 활용한 데이터분석 입문] - 김진(2016)을 참고하기 바란다.

| 구글 애널리틱스 사용법은 위 책을 참고하자.

구글 애널리틱스의 잠재고객 보고서(Audience Report)에서는 웹사이트 방문자의 나이, 성별, 관심사, 언어, 지역이나 기술환경, 기기 정보 등 고객 페르소나의 기본 사항을 파악할 수 있다. 인구통계 보고서는 잠재고객의 연령과 성별을, 관심분야 보고서는 사이트 방문 고객이 이용하는 콘텐츠의 유형과 이용 시점 및 빈도 등을 토대로 관심분야 카테고리[25]를 제공하며, 제품이나 서비스를 구입할 가능성이 높은 구매 계획 사용자 분류를 이해할 수 있는 인마켓 세그먼트 등을 확인할 수 있다. 지역 보고서는 고객 사용 언어와 위치(국가, 지역, 도시) 정보 등을 보여 준다. 이 외에도 사이트 방문 고객이 어떤 브라우저나 운영체제와 네트워크를 사용하는지, PC/ 태블릿/ 모바일 사용 정보나 사용자의 개괄적인 흐름 등의 부가적인 사항을 파악할 수 있는 정보를 제공한다.

---

25. 구글 애즈(Google Ads)로 광고를 집행할 때 잠재고객 타겟팅 → 관심분야 설정으로 이 정보를 적극적으로 활용함으로써 효과적인 리타겟팅(Re-targeting)이 가능하며 디스플레이 배너광고(GDN)와 동영상 광고의 성과를 높일 수 있다.

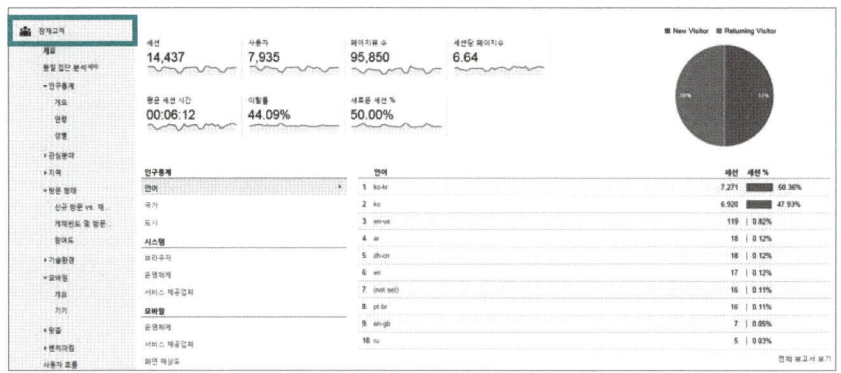

| 페르소나가 실제 고객을 적절히 모델링하는지 잠재고객 보고서와 대조한다.

    이 중에서도 특히 방문형태 보고서를 잘 봐야 한다. 방문형태 보고서는 잠재고객 중 신규 방문자와 재방문자의 비율이 어떻게 되는지, 고객의 방문 빈도나 참여도, 평균 체류 시간은 어떠한지 등의 정보를 제공한다. 사용자가 어느 페이지로 들어와서 어떤 페이지를 읽고, 어떤 키워드를 찾아보며, 어느 지점에서 떠나는지 웹사이트 내에서 고객 행동에 관한 구체적인 정보를 보여 줄 뿐만 아니라 파일을 다운 받거나 버튼 클릭, 동영상을 읽는 등, 사용자가 웹사이트와 어떻게 상호작용하는지 알려준다.

| 고객의 사이트 사용 경험을 이해하려면 방문형태 보고서를 참고하자.

잠재고객의 특성을 개략적으로 파악했다면 획득 보고서로 방문자의 유입 유형과 행동 패턴, 전환 기여도 등을 확인할 수 있다. 사용자가 우리 서비스 방문 전에 어떤 경로(Channel)를 통해서 들어 왔는지를 자세히 볼 수 있으므로 마케팅 캠페인 및 유입 채널별로 성과를 측정하기 좋다. 다만 구글 애널리틱스의 기본 분류만으로는 세세한 정보를 알기 어렵다. 콘텐츠 마케팅이나 광고 집행 채널 정보를 수집할 수 있도록 캠페인, 소스, 매체, 콘텐츠, 키워드의 5가지 항목을 캠페인 태그로 추가 설정하여 마케팅 캠페인을 진행하는 것을 추천한다. 각 캠페인과 채널의 정보를 꼼꼼히 수집해야 비로소 캠페인별, 채널별로 의미있는 ROI 분석이 가능해진다.

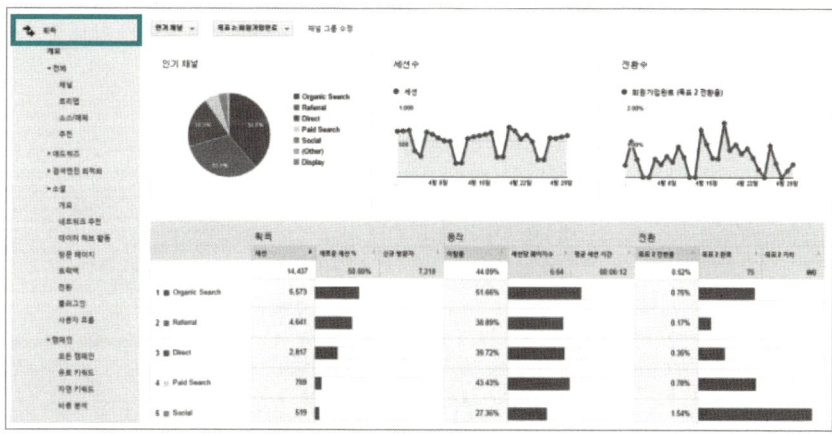

| 잠재고객이 어떤 경로로 우리 웹사이트에 왔는지 획득 보고서에서 알 수 있다.

목표 고객의 실질 전환율 검증하기

여러 고객군 중 누구를 집중 공략할 것인지에 따라 마케팅 전략과 방향이 매우 달라진다. 그러므로 마케팅으로 성장하려면 기업의 역량을 집중할 페르소나, 즉 가장 높은 전환율을 보이는 고객을 골라낼 수 있어야 한다. 의외로 기업이 예상하는 주 고객과 실제로 제품에 관심을 보이는 가망 고객이 일치하지 않을 때가 많다.

커피전문점을 운영하던 티와이의 김영관 대표는 음료 파우더 사용 중 불편을 느껴 직접 파우더 자동 소분기를 만들었다. 보통 음료 파우더는 계량스푼으로 뜨고 뚜껑을 닫아 보관하는데 시간이 지날수록 향이 약해지고 습기로 변질하거나 이물질이 유입될 수 있으며, 계량스푼으로 뜨다 보니 매회 조금씩 맛이 달랐다. 파우더 소분기로 정량을 나눠 보관하면 깔끔하게 문제가 해결되었다. 김영관 대표는 이 제품의 잠재고객을 ❶카페점주 ❷영유아 부모(분유용) ❸피트니스 이용자(건강음료용)로 설정했고, 카페점주를 주 고객으로 예상했으나, 실험 결과는 달랐다. 영유아 부모가 가장 높은 관심도와 구매율을 보인 것이다.[26]

| 파우더 소분기의 타겟군 검증을 위한 광고 이미지 – 인사이터스컨설팅/동아닷컴(2019)

---

26. 경기도 경제과학진흥원이 주최하고 인사이터스컨설팅이 운영한 '창업베이스캠프 스타트업 마켓솔루션' 사업 중 시장성 검증테스트의 일례.

도대체 누가 전환율 높은 고객인지를 어떻게 파악해 낼 수 있을까? 예를 들어 스포츠용품을 판매하는 쇼핑몰을 운영한다고 가정하자. A 고객군(=25~34세의 서울에 거주하는 스포츠에 관심 많은 남성)이 B 고객군(=25~34세의 서울에 거주하는 스포츠에 관심 많은 여성) 보다 전환율이 높을 거라 가설을 세우고 검증하려면 어떻게 해야 할까? 그런 경우에는 구글 애널리틱스의 세그멘테이션(segmentation) 기능을 활용한 분석을 진행하면 된다.

먼저 구글 애널리틱스의 Admin → View → Segmentation항목에서 검증하고자 하는 A와 B 고객군을 각각의 세그멘테이션으로 추가한다. 이제 두 집단의 성과를 비교하면 어느 쪽이 더 높은 전환율을 보이는지 알 수 있다.

| 세그멘테이션을 이용한 페르소나 모델링

A 고객군과 B 고객군의 전환율을 보려면 획득 보고서 → All Traffic → Channels 에서 Conversion을 Goal 4: Enter the Checkout 을 선택하면 두 고객군의 구매 전환 데이터를 비교해 볼 수 있다.[27]

Default Channel Grouping	Acquisition			Behavior			Conversions	Goal 4: 장바구니
	Sessions	% New Sessions	New Users	Bounce Rate	Pages / Session	Avg. Session Duration	장바구니 담기 (Goal 4 Conversion Rate)	장바구니 담기 (Goal 4 Completions)
All Sessions	12,336 % of Total: 100.00% (12,336)	59.23% Avg for View: 59.23% (0.00%)	7,306 % of Total: 100.00% (7,306)	1.71% Avg for View: 1.71% (0.00%)	6.44 Avg for View: 6.44 (0.00%)	00:03:21 Avg for View: 00:03:21 (0.00%)	5.50% Avg for View: 5.50% (0.00%)	678 % of Total: 100.00% (678)
25~34세, 서울거주, 남성, 스포츠 관심사	14 % of Total: 0.11% (12,336)	50.00% Avg for View: 59.23% (-15.58%)	7 % of Total: 0.10% (7,306)	0.00% Avg for View: 1.71% (-100.00%)	2.43 Avg for View: 6.44 (-62.27%)	00:00:29 Avg for View: 00:03:21 (-85.71%)	7.14% Avg for View: 5.50% (29.96%)	1 % of Total: 0.15% (678)
25~34세, 서울거주, 여성, 스포츠 관심사	0 % of Total: 0.00% (12,336)	0.00% Avg for View: 59.23% (-100.00%)	0 % of Total: 0.00% (7,306)	0.00% Avg for View: 1.71% (-100.00%)	0.00 Avg for View: 6.44 (-100.00%)	00:00:00 Avg for View: 00:03:21 (-100.00%)	0.00% Avg for View: 5.50% (-100.00%)	0 % of Total: 0.00% (678)

| A와 B의 전환 데이터를 비교하여 주력 고객군을 찾아낸다.

전체 고객의 장바구니 담기 비율이 5.5%일 때 A고객은 7.14%로 평균보다 좋은 성과를 기록했다. 반면에 B는 0%로 비즈니스적 가치가 거의 없었다. 이처럼 특정 세그먼트가 더 높은 전환율을 보인다면 그 대상을 위주로 마케팅을 진행하는 것이 당연하다. 탁월한 전환율을 갖도록 세그멘테이션을 정해주는 작업, 즉 제품/서비스의 목표 고객을 잘 정의하는 것이 중요한 이유이다. 고객을 세분화할 때 연령, 성별 등을 넘어 특정 위치나 관심사 등을 기준으로 잡을 수도 있다. 다양한 세그멘테이션을 정의하여 Product-Market Fit 과정에서 얻은 데이터에서 해당 세그멘테이션으로 분류된 고객군의 성과를 대조해봄으로써 전략적으로 힘을 쏟을 가치가 있는 고객 페르소나가 누구인지를 가늠할 수 있다.

---

27. 구글 애널리틱스에서 전환률 분석을 진행하려면 사전에 목표 설정(Goal Setup)을 하거나 전자상거래 설정(Ecommerce Setup)을 셋업한 후 분석이 가능하다.

누락된 세그먼트가 있는지 전수 검사

세분시장 프로필을 만들다 보면 미처 예상치 못한 고객군을 발견할 수도 있다. 누락된 고객 세그먼트가 있는지 확인하려면 웹사이트가 수집한 원데이터(Raw Data)를 전수 검사하면 된다. 구글 애널리틱스의 맞춤 설정(Customization) → 맞춤 보고서(Custom Report)에서 플랫 테이블(Flat Table)을 선택한다. 맞춤 보고서는 구글 애널리틱스에서 문자 데이터에 해당하는 디멘전(Dimension-측정 항목)과 숫자 데이터에 해당하는 메트릭스(Metrics-측정 기준)를 지정하는 것만으로 분석가가 원하는 형식으로 보고서를 만들어 주는 기능이다. 디멘전(측정 항목)은 성별(남성/여성), 연령(20~29세/30~39세 등), 지역(서울/청주/강릉 등)처럼 고객을 여러 집단으로 나누는 문자 데이터로 범주형 자료 항목을 가리킨다. 메트릭스(측정 기준)는 방문자 수, 페이지 뷰, 체류 시간, 전환율처럼 구글 애널리틱스가 데이터를 수집하는 수치값들을 의미한다.

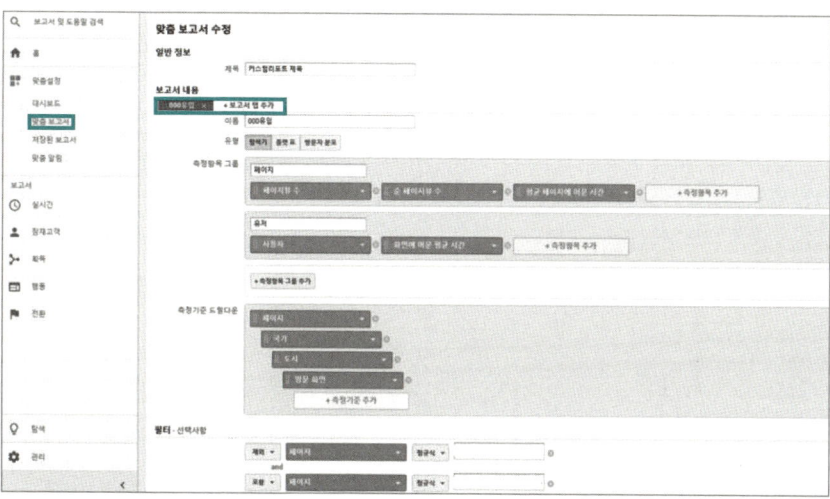

| 맞춤 보고서에서 원하는 디멘전(측정 항목)과 메트릭스(측정 기준)를 설정하는 것만으로 원하는 분석 보고서를 만들 수 있다.

디멘전(측정 항목)을 Gender, Age, Affinity로, 메트릭스(측정 기준)를 Users, Sessions, Pages/Session, Goal Conversion Rate으로 설정하면 목표 고객 데이터의 전반적인 분포 및 누락된 관심사가 있는지 등이 가시적으로 드러난다.

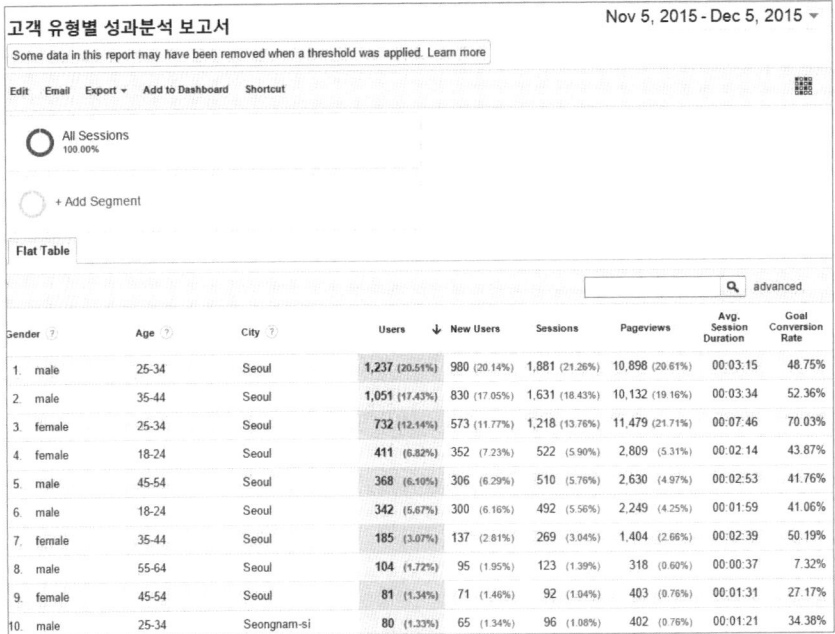

| 맞춤 보고서로 점검하면 성과가 발생하는 고객 세그먼트를 빠트리는 실수를 막을 수 있다.

Message-Market Fit(메시지-시장 적합도)

고객 획득의 첫 관문은 "읽게 하기"이다. 카드뉴스를 만들든 동영상이나 광고를 집행하든 배너를 걸든 일단 제목에 반응해야 한다. 우리 제품이나 서비스가 아무리 뛰어나도 한 문장으로 요약된 제목이 고객의 관심을 끌지 못하면 말짱 헛수고이다. 광고 문구마다 느낌표(!!)가 난무하고, 뉴스는 욕 먹더라도 낚시성 제목을 붙이며, 조금이라도 튀려고 B급 감성의 디자인을 동원하기도 한다. 어떻게든 제목에 관심을 가져야 우리 제품과 서비스를 소개할 기회가 주어지기 때문이다. 목표 고객의 눈에 띄고 흥미를 불러일으키는 메시지를 찾아내는 작업을 Message-Market Fit(메시지-시장 적합도)이라 한다.

유명한 작가였던 일라이 파리저(Eli Pariser)와 피터 코클리(Peter Koechley)는 인터넷의 숨은 진주 같은 좋은 콘텐츠를 우스꽝스러운 영상만큼 널리 알리겠다는 취지로 업워디(Upworthy)를 만들었다. 업워디는 콘텐츠를 읽을지 말지는 제목에서 판가름 난다고 생각했다. 암으로 죽어가면서도 절망하기보다는 일상의 행복을 찾는 14살 소년의 22분짜리 동영상을 더 많은 사람에게 전파하기 위해 업워디는 18회의 개선 과정을 걸쳐 총 75개의 다양한 제목을 실험했다.

업워디의 실험 방법은 매우 간단하므로 누구든 쉽게 따라 할 수 있다. 배포할 콘텐츠(= 랜딩페이지)의 내용을 한 줄로 전달할 최소 25가지 제목을 적는다. 페이스북 팬을 인구 규모와 구성이 비슷한 그룹으로 나누어 각 게시물을 보여준다. 일정 시간이 지난 후 참여도(좋아요, 댓글, 공유하기, 웹사이트 클릭)가 높은 제목을 선택한다. 반응이 좋았던 여러 제목을 검토해 사람들의 반응이 좋은 매력적인 단어나 문구가 무엇인지 파악한다. 분석 결과를 반영하여 다시 업그레이드된 제목 25개를 짓는다. 실험이 거듭됨에 따라 제목은

제목	클릭증가율
80년 먼저 떠난 소년, 멋진 퇴장에 갈채를…	최초의 제목
영상을 보는 내내 눈물을 훔쳤다. 그래도 괜찮아! 잭은 멋진 삶을 살았으니까	+9%
암으로 죽어 가던 아이의 세상에서 가장 행복한 이야기	+28%
10대 록스타를 추억하며… 끝까지 사랑으로 암과 맞서 싸운 소년	+65%
암은 소년에게 사형선고가 될 수 없었다. 그저 모닝콜에 불과할 뿐.	-22%
그녀의 부모가 물었다. "그 애가 암 환자가 아니었다면 데이트하겠니? 그렇잖아?"	+75%
잭은 이제 세상에 없지만 아름다운 것을 남기고 떠났다.	+96%
잭은 이제 세상에 없지만, 정말 멋진 것을 남기고 떠났다.	+116%

| 업워디의 다큐멘터리 제목 실험 – 셰인 스노(2014)

점점 더 매력을 더한다. 업워디의 경험에 따르면 제목에 따라 콘텐츠를 읽는 사람이 많게는 1,000,000명까지 달라진다고 한다.

페이스북이나 인스타그램 등 SNS 광고 문구를 고민하는 기업이라면 업워디의 방법을 참고할 수 있다. 먼저 간단한 고객 서베이를 통해 우리 제품 및 서비스를 이야기할 때 고객이 사용하는 표현을 정리한다. 더불어 네이버 데이터랩(datalab.naver.com)이나 키워드 마스터(whereispost.com/keyword), 구글 서치 콘솔, 구글 키워드 플래너 등으로 유사한 제품에 대해 고객이 쓰는 단어와 표현을 찾는다. 이를 토대로 여러 제목, 이미지 등으로 광고를 분할 테스트(split test)하여 효과가 가장 좋은 것을 선택하면 된다. 업워디도 14살 소년이 여자 친구와 이마를 맞대고 있는 사진을 썸네일로 선택했을 때 클릭률이 69% 증가하였다. 더 나은 문구나 이미지 등을 찾기 위한 실험은 다른 모든 조건을 비슷하게 유지해야 한다.

업워디는 더 효과적인 제목을 찾기 위해 페이스북을 이용했지만 기업은 고객을 웹사이트에 유입시키기 위해 페이스북 이외에도 많은 채널(이메일, 블로그 포스트, 키워드 검색 등)을 활용한다. 그러므로 페이스북 통계가 아닌 고객의 최종 도착지인 웹사이트에서 구글 애널리틱스로 추적하는 편이 더 낫다. 각 고객이 어떤 메시지를 클릭하고 들어 왔는지를 추적하려면 캠페인 태그(UTM 파라미터)가 필요하다. 흔히 "utm 태그", "맞춤 매개변수"라고도 부르며, 다음과 같은 형식을 취한다.

```
Masocampus.com/?
utm_campaign=캠페인_이름&
utm_source=유입경로_대분류&
utm_medium=유입경로_소분류&
utm_content=추가분류용_콘텐츠&
utm_term=타겟_키워드_정보
```

| utm 태그의 5가지 필드 유형. URL/? 뒤에 utm_필드= 을 붙인다.

UTM 태그는 위 5종류의 필드를 &로 연결해 적는다. Campaign과 source, medium은 필수지만 content와 term은 꼭 쓰지 않아도 되며, 한글을 쓸 수도 있다. URL이 너무 길어지면 bit.ly 등 단축 URL 서비스를 이용해서 짧게 변환해서 사용한다. 각 필드에 무엇을 써야 하는지 정해진 규칙은 없다. 회사 사정에 맞게 알아보기 쉬운 규칙을 정해놓고 일관성 있게 지키기만 하면 된다. 참고할만한 규칙을 정리해보면,

Utm_필드	설명
utm_campaign	• 마케팅 캠페인의 이름을 적는다. • 예) 2019 가을맞이 정기세일, 신규 고객 할인 프로모션

utm_source utm_medium	• Source와 medium은 모두 고객이 유입된 경로를 나타낸다. 분석 보고서에 "소스/매체"의 형태로 표시되므로 source를 대분류, medium을 소분류로 적으면 된다. • 예) Source/Medium = 인스타그램/광고, 네이버/블로그 등 • 소스/매체의 다양한 활용 방안 예시 클릭위치/입찰전략 = 네이버 키워드/3위 노출, 페이스북 광고/CPC 플랫폼/노출위치 = 인스타그램/스토리, 신문광고/중앙일보, 유튜브/컴패니언 배너 광고매체/광고종류 = 유튜브/범퍼애드, GDN/리타겟팅 광고, 인플루언서 마케팅/사람 이름
utm_content	• 광고 소재의 A/B 테스트 진행을 위한 구분 정보를 기술하거나 Source/Medium에 대한 추가 구분을 위한 세부 정보를 기술한다. • A/B 테스트를 위한 광고 소재 구분 예) 남자 모델/여자 모델 • 페이스북 인플루언서 마케팅 실행시에 인플루언서 정보를 담는 용도로 활용 예) Source – Facebook, Medium – timeline, Content – 백종원 or 소유진 =) 인플루언서로 백종원과 소유진을 활용한 경우 어떤 인플루언서를 통한 트래픽 유입과 성과가 더 뛰어난지 알 수 있음
utm_term	• 목표 고객에게 노출시키고자 하는 검색 키워드 정보를 적는다. • 예) 마소캠퍼스 그로스해킹 마스터과정, {keyword}, {query}

| utm 필드의 활용 방안 예시

예를 들어 20대 남성 등산애호가인 페르소나 "김마소"씨에게 휴대용 물병을 파는 상황을 가정해보자. 캠페인 이름을 "물병판매"라 하면 utm_campaign=물병판매로 적으면 된다. 고객이 입력했던 검색어가 내가 등록했던 광고 타겟팅 키워드 중 무엇에 매칭되었던 건지 알고 싶다면 utm_term=타겟_검색어_키워드라 적는다.

등산용품점.com/?utm_campaign=물병판매&utm_term=타겟_검색어_키워드

| 김마소에게 물병을 파는 캠페인으로서 어떤 타겟팅 키워드에 매칭되었나 추적한다.

만약 "구매하기"와 "즉시결제" 무엇이 김마소 같은 고객에게 효과적인지 알고 싶다면? 다른 조건은 동일하게 utm_content=구매하기와 utm_content=즉시결제로 각각 다르게 설정하여 어느 문구가 더 효과적인지 확인할 수 있

다. 목표 고객에게 더 효과적인 메시지를 개발하기 위해 이와 같은 실험을 반복해야 한다.[28]

등산용품점.com/?utm_campaign=물병판매&utm_source=naver&utm_medium=rolling_banner&utm_content=구매하기

등산용품점.com/?utm_campaign=물병판매&utm_source=naver&utm_medium=rolling_banner&utm_content=즉시결제

고객 유입 채널 알아보기

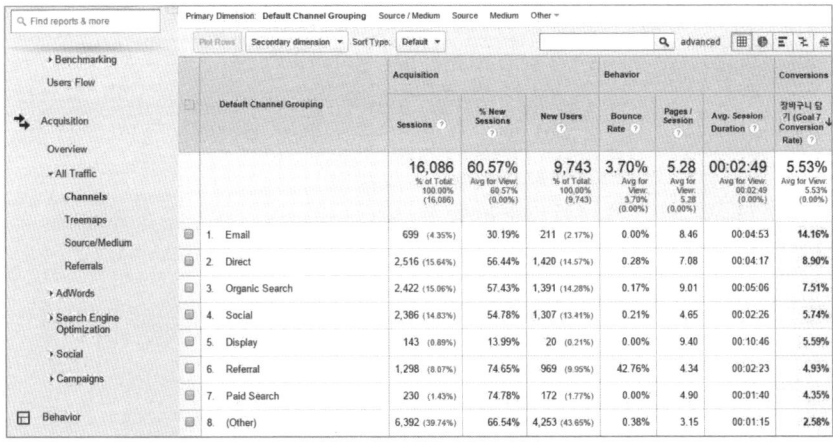

| 고객의 유입 채널은 획득 → 트래픽 → 채널에서 확인한다.

---

28. support.google.com/analytics/answer/1033863?hl=ko 에서 UTM매개변수에 대한 추가 정보를 얻을 수 있다.

목표 고객이 관심 가질만한 메시지를 작성해도 보여주지 못한다면 무의미하다. 사람들이 우리 서비스에 들어오는 경로를 파악해 잠재고객에게 적극적으로 다가가야 한다. 구글 애널리틱스를 이용하면 획득 → 개요 → All Traffic에서 방문자의 접근 경로를 파악할 수 있다.

트래픽 보고서에서 email, Direct 등의 트래픽 유형을 확인할 수 있다. 예를 들어 Social을 클릭하면 페이스북, 네이버, 트위터 등 고객이 유입된 구체적인 플랫폼별로 성과가 나타난다. 만약 페이스북에서 유입되는 트래픽이 많다면 목표 고객에게 효과적으로 접근할 경로로 페이스북을 선택할 수 있다.

트래픽 유형	설명
Direct	사용자가 주소창에 웹사이트 URL을 직접 입력하거나 브라우저에 등록해 둔 즐겨찾기(Bookmark)를 통해서 유입된 경우이다.
Organic Search	사용자가 검색 엔진의 자연 검색 결과 리스트에 노출된 검색결과를 클릭하고 들어온 경우이다. 이렇게 유입된 경우 검색엔진 회사에 지출되는 비용은 없다.
Social	소셜 미디어로 분류되는 마케팅 채널(예, 페이스북, 트위터, 인스타그램, 유튜브 등)에서 고객에게 노출된 링크를 클릭하고 들어온 경우이다.
Paid Search	사용자가 검색 엔진의 키워드 광고를 클릭하고 들어온 경우이다. 설정된 클릭당 비용만큼 검색엔진 회사에 광고비로 지출된다.
Display	사용자가 배너광고를 클릭하고 들어온 경우이다.
Referral	위 분류체계에 해당되지 않는 대다수의 일반 웹사이트에 노출된 콘텐츠 링크를 클릭해서 유입된 경우이다. 이때 유저가 이용하던 웹사이트 페이지를 리퍼러(Referer)라고 한다.

│ 구글 애널리틱스의 기본 트래픽 채널 분류

그런데 유입된 고객은 페이스북 페이지의 콘텐츠 게시물을 클릭한 걸까? 아니면 유료로 집행한 광고를 통해 들어온 걸까? 마찬가지로 Referral은 일반 웹사이트에 개재된 콘텐츠 링크를 타고 들어온 건데 단순히 사용자가 게시한 일반 글이었을까? 아니면 마케팅 캠페인으로 노출된 배너광고를 클릭한 걸까? 구글 애널리틱스의 기본 추적으로는 이런 문제에 속 시원한 답을 얻을 수 없다. 그러므로 추적하는 정확한 유입 경로를 캠페인 태그라 부르는 utm 파라미터(source와 medium)로 붙여 주기를 권한다. 인플루언서 마케팅을 펼칠 때도 각 인플루언서마다 다른 utm 태그를 붙이면 더 자세한 성과 파악이 가능해진다.

업계 평균 수치의 활용

어떤 일이든 더 나은 성과를 얻고 싶다면 먼저 현재를 제대로 진단해야 한다. 구글 애널리틱스의 벤치마킹 보고서를 이용하면 각 산업계의 기업들이 공유한 데이터를 우리 회사 데이터와 비교할 수 있다. 잠재고객 → 벤치마킹 → 채널을 선택해 동종업계의 평균적인 고객 유입 추세를 파악하자.

| 벤치마킹 보고서로 업계의 전반적인 상황과 우리 회사를 비교한다.

벤치마킹 보고서를 이용하려면 먼저 1,600개가량의 업종 분류 중 우리 회사가 어디에 속하는지 선택한 후, 관리→계정→계정 설정에서 벤치마킹 데이터 공유를 켜야 한다. 데이터 공유를 허용하면 우리 웹사이트가 수집한 개인에 대한 식별 가능한 정보를 삭제한 후 업계 전체 수치에 통합된다. 즉 업계 데이터를 공유하는 기업만 벤치마킹 보고서를 사용할 수 있다.

업계 평균 수치와 대조할 때는 반드시 기업 규모를 고려해야 한다. 조그만 지역 신문사와 한겨레 신문은 둘다 보도매체이지만 결코 비교 대상이 될 수 없다. 그러므로 국가/지역 등 지리적인 위치뿐만 아니라 일일 방문자 규모(Sessions)를 우리 회사와 비슷한 크기로 제한해줄 필요가 있다. 만약 벤치마킹 보고서를 활용해서 방문자 수가 비슷한 동종업계 웹사이트들과 비교했을 때, 우리 회사가 email 채널을 통한 고객 유입 트래픽이 상대적으로 낮다면? 업계 평균보다 낮은 채널은 조금만 노력을 기울여도 손쉽게 평균치까지 성과를 끌어 올릴 수 있다. 그러므로 이메일 마케팅을 강화하면 비교적 수월하게 고객 유입이 올라갈 수도 있을 것이다.

경쟁자와 비교하기

두루뭉술한 업계 평균 수치말고 구체적인 경쟁자와 대조하고 싶다면 시밀러웹(www.similarweb.com)을 활용할 것을 추천한다. 시밀러웹은 전 세계를 대상으로 웹사이트와 모바일앱에 대한 트래픽 정보를 제공하는 분석 서비스이다. 정보 취합을 위해 시밀러웹이 국가별로 운영하는 패널 데이터와 ISP(인터넷 서비스 공급자: Internet Service Provider) 데이터, 공용 데이터 소스, 수십만 개 사이트와 앱의 직접 측정 데이터를 제공하므로 이 분석 서비스를 활용하면 매우 유의미한 벤치마킹 분석 결과를 얻을 수 있다.

시밀러웹은 우리 회사 웹사이트뿐만 아니라 궁금한 특정 웹사이트 주소를 입력하면 수집된 데이터를 보여준다. 기간별로 총 방문자 수, 방문자 평균 접속시간, 방문당 조회 페이지 수, 이탈률, 웹사이트의 세계/국가/업종별 순위, 트래픽 유형 등 기본 데이터뿐만 아니라 경쟁자와 비교하기 용이한 정보도 많다.

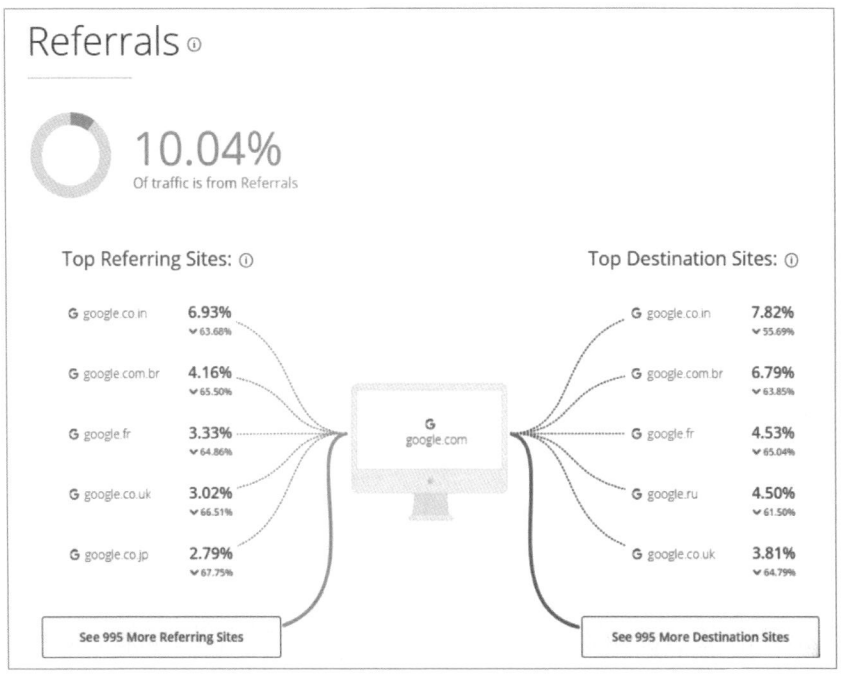

| 고객이 어느 사이트에서 들어오고, 어느 사이트로 나가는지 보여준다.

예를 들어 Referrals에서는 고객이 어느 웹페이지에서 우리 웹사이트로 링크를 타고 들어왔으며, 우리 웹사이트를 떠나 어디로 갔는지를 볼 수 있

다. 이 정보는 우리 제품/서비스에 대해 사람들이 많이 참고하는 페이지가 어디인지, 입소문을 내고 영향력을 행사해줄 마이크로 인플루언서(micro-influencer)가 누구인지 판단하는 데 도움을 준다.

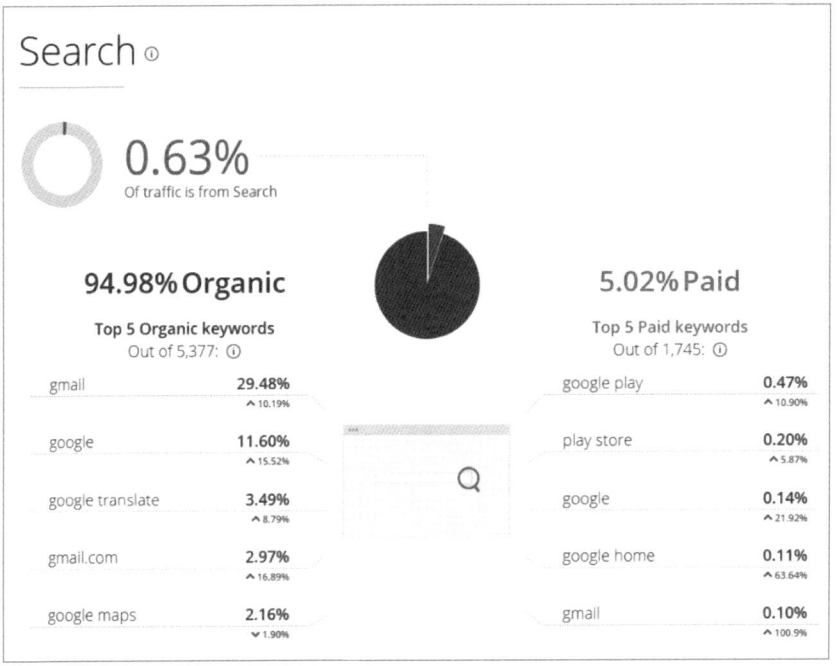

| 웹사이트 방문자가 입력하는 검색어와 광고 키워드를 파악할 수 있다.

    Search에서는 특정 웹사이트에 유입되는 사람들이 어떤 키워드를 검색했는지 보여준다. 경쟁 사이트와 우리 웹사이트를 비교해 만약 우리 회사의 유입 키워드 단가가 비싸거나 경쟁이 심한 단어로 이뤄져 있다면 타겟팅 키워드를 수정하는 방안을 검토할 수 있다. 더불어 동종업계의 사이트로 들어오는 고객들이 사용하는 키워드의 전반적인 분포를 파악하기도 용이하다. 이를 토대로 고객을 유인하는 인바운드 마케팅(inbound marketing) 전략을 수립하고

실행하는 방식으로 마케팅 ROI(Return On Investment)를 높일 수 있다.

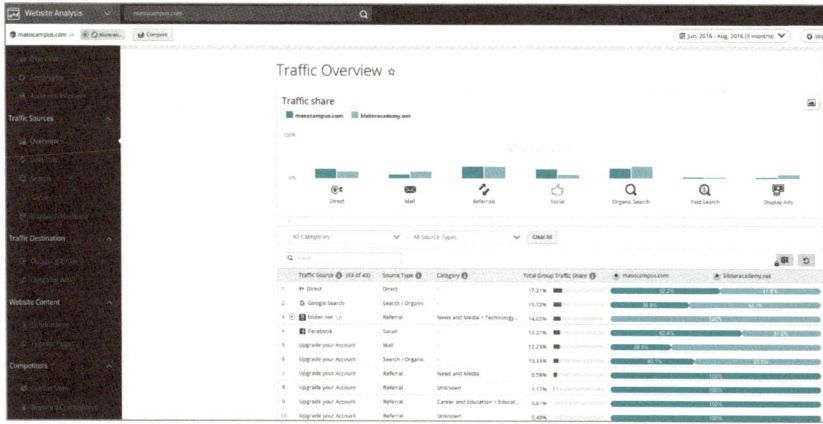

| 경쟁자와 우리 웹사이트의 트래픽 유형 비교도 가능하다.

 또 하나의 유용한 기능은 경쟁자와의 트래픽 유형 비교이다. 2개 이상의 웹사이트를 입력하면 경쟁자와 우리 회사의 고객 획득 경로가 한눈에 대조된다. 경쟁자보다 우위인 유입 경로를 유지하면서 상대적으로 성과가 낮은 채널을 강화하는 노력이 필요하다. 만약 경쟁자는 이메일 유입량이 많은데 우리는 낮다면, 경쟁자의 뉴스레터를 분석하고 더 적합한 메시지를 찾기 위한 다양한 시도를 할 수 있다.

중장기적 추세 판단

그때는 옳았으나 지금은 틀릴 때가 있다. 시장 흐름이 달라지면 기업도 변해야 한다지만, 지금 당장 발생하지 않은 문제를 미리 감지해 대응한다는 것은 말처럼 쉽지 않다. 그러므로 변화를 꾀하고 기업 구성원들의 협력을 이끌어 내려면 중장기 추세를 파악해 데이터로 제시할 필요가 있다. 그로스해킹은 지속적으로 성장하려는 태도이다. 크레이그리스트를 해킹했던 에어비앤비가 작은 성과에 취해 주저앉았다면 오늘날의 엄청난 성공을 이뤄낼 수 있었을까? 끊임없이 새로운 전략을 세우고 실험하며, 데이터로 판단하는 기업 문화가 그로스해킹의 필수 조건임을 잊지 말자.

구글 애널리틱스로 중장기 추세를 판단하는 것은 그리 어렵지 않다. 예를 들어 현재 우리 웹사이트의 방문자는 주로 PC로 접속하며, 모바일/태블릿 유저는 별로 없다 치자. 고객의 주 유입경로인 데스크탑쪽을 더 강화하는 게 좋을까? 아니면 상대적으로 열세인 모바일/태블릿쪽을 보강하는 게 좋을까?

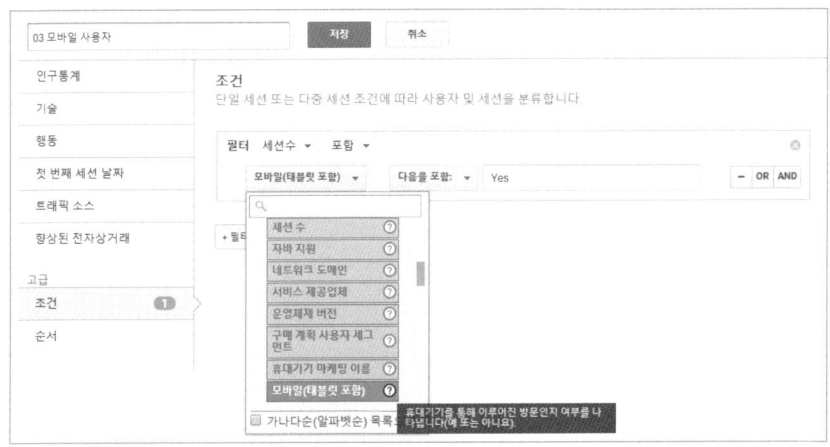

| 비교 대상을 각각 세그먼트로 지정한다.

비단 기기뿐만 아니라 어느 광고 상품을 선택할지, 어떤 SNS에 더 힘을 실어 줄지 등 이런 류의 의사결정은 고객 획득 단계에서 비일비재하다.

어떤 고객 페르소나에게 집중할지, 어느 채널에 노력을 쏟을지, 마케팅 메시지를 뭐로 할지 등 모든 의사결정은 "전환(Conversion) 가능성을 높이는 쪽"으로 이뤄진다. 기업 활동의 최종 목표는 이익 창출이기 때문이다. 우선 데스크탑과 모바일 유저를 각각 세그먼트로 나눠서 전환율(conversion rate) 차이가 있는지 확인한다. 다르다면 전환율이 높은 쪽으로, 비슷하다면 고객 획득이 쉬운 쪽으로 집중한다.

구글 애널리틱스의 Admin → View → Segmentation에서 데스크탑 사용자를 정의하려면 advanced → conditions의 조건 중 mobile(including tablet)을 "No"로 체크한다. 이 조건을 "Yes"로 하면 모바일/태블릿 사용자가 된다. 각각을 세그먼트로 만들자.

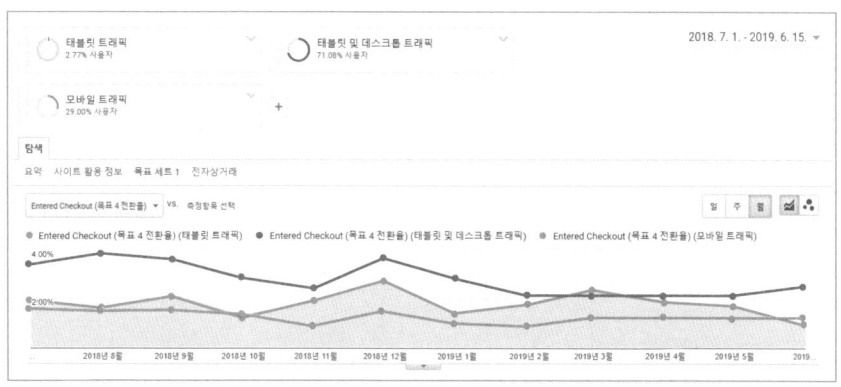

| 두 세그먼트의 전환율을 비교해 의사결정한다.

획득 → 트래픽 → 채널에서 두 세그먼트를 입력하여 각 세그먼트의 거래

수, 수익, 평균 세션 시간 등 전환율을 확인할 수 있다. 만약 현재 고객의 주된 유입 경로가 데스크탑이며, 데스크탑 사용자의 전환율이 훨씬 높으면 데스크탑 위주로 마케팅 노력을 쏟아야 한다.

그러나 분석 기간을 늘리면 얘기가 달라질 수 있다. 현재 시점의 전환율은 분명히 데스크탑 사용자가 높지만 전환율 격차가 계속 유지되리라 장담할 수 없다. 데스크탑과 모바일의 전환율 격차가 점차 좁아지는 추세에도 불구하고 데스크탑에만 집중하면 미래의 성장 동력이 약해지게 마련이다. 그러므로 주기적으로 고객 페르소나나 마케팅 채널, 메시지, 기기, 랜딩페이지 등을 다양한 세그먼트로 설정해 전환율의 변화 추이를 모니터링해야 한다.

GROWTH HACKING
CHAPTER

04

Activation/Retention 분석: 절대 가치 마케팅

Activation/Retention 분석: 절대 가치 마케팅

AARRR의 두 번째 단계인 Activation(활성화)은 획득(Acquisition)된 사용자가 우리 제품/서비스의 핵심적인 기능(본질가치)을 경험하는지 여부를 파악하는 것을 말한다. 인스타그램의 예를 되새겨 보자. 케빈 시스트롬이 처음 만들었던 버븐(Burbn)의 주 기능은 위치 공유였다. 친구들에게 자기가 있는 장소의 사진이나 메모, 스케줄 등을 보여주고, 친구들이 있는 곳을 들여다보는 메뉴가 버븐의 핵심 기능이었음에도 불구하고 사람들은 버븐의 주 기능인 위치 공유보다는 사진 올리기에 관심이 많았다. 버븐은 초기에 핵심가치라고 여겼던 "위치 공유"로 고객을 활성화하고 유지하는 데 실패했다. 이후 데이터 분석을 통해 파악한 고객이 이용하는 주요 기능인 "사진 올리기"를 중심으로 서비스의 핵심 기능을 피벗팅(Pivoting)한 후 의미 있는 성과를 이루었다. 이렇게 피벗팅한 앱이 바로 인스타그램으로 이후에는 성공의 길을 걸었다.

이처럼 활성화(Activation)란 단순히 웹사이트를 방문한 사람들이 메뉴 몇 개 둘러 보고, 기능 좀 이용해보는 것이 아니라, 제품과 서비스가 제공하는 주요 기능을 고객이 경험하는 것을 의미한다. 핵심 가치를 이용해보고 만족하는 고객은 지속적으로 서비스를 이용할 가능성이 높아지며, 단골 고객으로 유지(Retention)된다. 이렇듯 활성화와 고객 유지는 떼려야 뗄 수 없는 관계이

| 고객 활성화, 유지에 실패해 사라진 버븐

며, 궁극적으로는 기업이 제공하는 본질 가치가 충분해야 활성화된 고객이 유지되는 비율도 높아지는 것이다. 버븐처럼 위치 공유를 내세웠는데 정작 고객은 만족하지 못한다면 활성화 – 유지의 고리가 끊어져 성장을 기대하기 어렵다. 그러므로 반복 강조하는 것은 AARRR 이전에 Product-Market Fit 으로 제품의 핵심 가치가 목표 고객에게 환영받을 수 있는지에 대한 검증이 선행되어야 한다는 점이다. 시장 반응이 좋지 않다면 인스타그램처럼, 페이팔처럼 과감한 피벗팅(Pivoting)도 단행할 필요가 있다.

고객이 제품/서비스의 핵심 기능을 이용해보면(Activation), 충분히 가치를 느끼고 계속 이용(Retention)할 가능성이 높은 제품/서비스임을 검증(Product-Market Fit)했다면, 더 많은 고객을 획득(Acquisition)해서, 유입된 고객이 핵심 기능을 손쉽게 경험하도록 유도(Activation)하는데 노력을 쏟으면 된다. 매우 간단한 원리지만 현실은 녹록지 않다. 많은 회사가 신규 고객을 유입시키는 데는 어마어마한 노력을 기울이지만, 정작 이들이 실제로 제품 및 서비스를 이용하게 유도하는 데는 주의를 기울이지 않기 때문이다. 션 앨리스가 제시한 키스매트 릭스 수치를 보자.

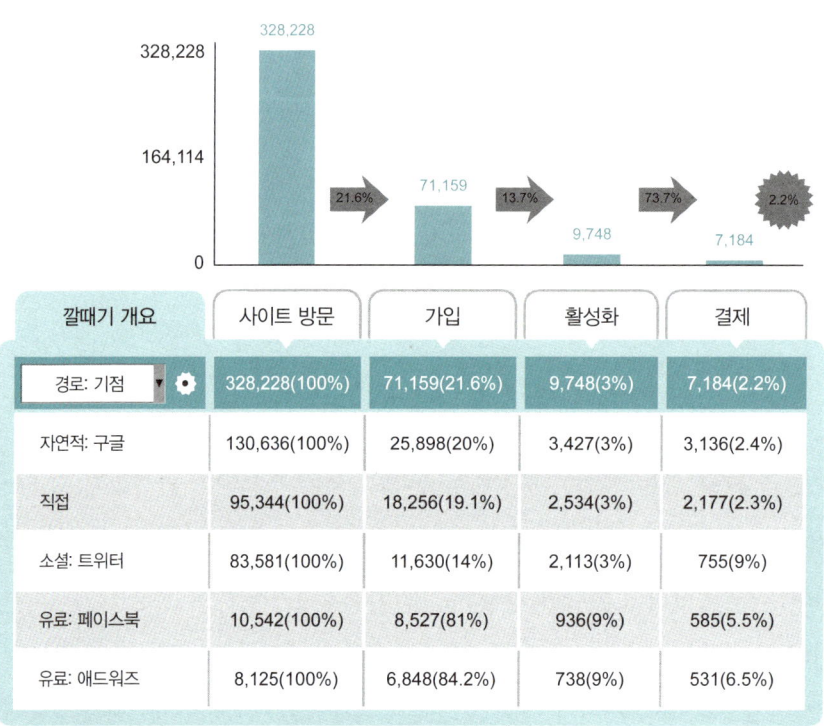

| 키스매트릭스의 깔때기 보고서 – 진화된 마케팅 그로스해킹(2016)

트위터, 페이스북, 구글로 328,228명의 방문자를 유입시켰지만, 유입된 고객이 실제로 제품을 이용하게 만드는 활성화 노력을 기울이지 않는다면 21.6%의 고객(71,159명)만이 사이트에 가입하고 실제 활성화되는 고객 비율은 3%(9,748명)에 그치며, 최종 결제자는 겨우 2.2%(7,184명)에 불과했다. 비단 션 앨리스의 실험 결과가 아니더라도 통상적으로 활성화가 미진한 웹사이트 트래픽의 98%, 모바일 앱 트래픽의 80% 이상은 3일 이내에 이탈하

는 것으로 알려져 있다.

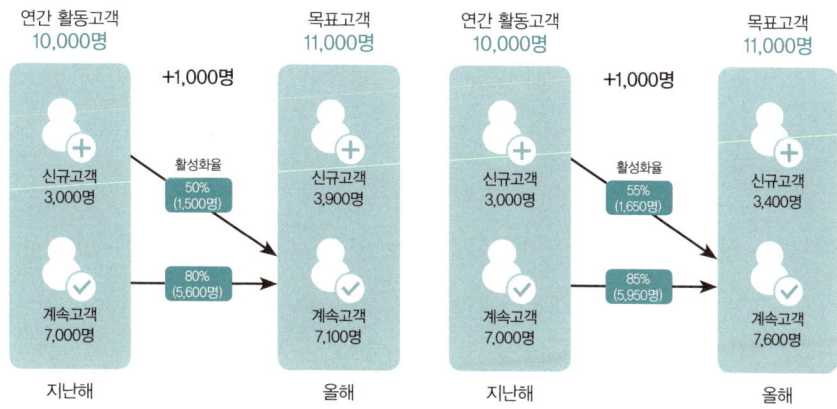

| 활성화율이 높으면 사업 성장을 위해 필요한 신규 고객 수가 적어진다.

흔히 3% 안팎에 불과한 고객 활성화와 유지율을 숙명처럼 받아들이고 고객 유입량을 늘리는 홍보마케팅에 많은 노력을 기울이지만, 사실 제품과 서비스가 론칭되고 조금만 시간이 지나면 신규 고객 획득(Acquisition)보다 활성화-유지율이 훨씬 큰 영향을 미친다.[29]

---

29. 이 명제를 수식으로 정리하면 이와 같다.

Let $U(t=0) = w_0$

$U(t) = w_0 S(t)$

$S(t) = \prod_{n=1}^{t} r_n + \left(\sum_{i=1}^{t} \left(\prod_{n=1}^{i-1} r_n \right) v_i S(t-i) \right)$

$S(0) = 1$

$S(1) = r_1 + v_1 S(0)$

$S(2) = r_1 r_2 + r_1 v_2 S(0) + v_1 S(1) = r_1 r_2 + r_1 v_2 + v_1 r_1 + v_1 v_1$

$S(3) = r_1 r_2 r_3 + r_1 r_2 v_3 S(0) + r_1 v_2 S(1) + v_1 S(2)$
$= r_1 r_2 r_3 + r_1 r_2 v_3 + r_1 v_2 (r_1 + v_1) + v_1 (r_1 r_2 + v_1 r_1 + v_1 v_1)$
$= r_1 r_2 r_3 + r_1 r_2 v_3 + r_1 v_2 r_1 + r_1 v_2 v_1 + v_1 r_1 r_2 + v_1 r_1 v_2 + v_1 v_1 r_1 + v_1 v_1 v_1$

수식과 관련 시뮬레이션의 자세한 내용은 Andrew Chen(andrewchen.co/retention-is-king/)과 Dotty Studio(dotty.org/2699089)의 글을 참고하기 바란다.

사업의 성장은 활성 고객이 늘어나거나 고객당 매출이 증가하는 둘 중 하나가 필요하다. 매년 5만 명씩 활성화 고객을 늘리겠다는 목표를 세웠다면, 유지율을 1% 올림으로써 필요한 신규 고객이 15만 명에서 14만 명으로 줄어든다. 제품 및 서비스가 론칭되고 시간이 지날수록 신규 고객 획득은 점점 더 어려워진다. 왜냐하면 서비스에 대해 아는 사람이 늘어날수록 입소문을 낼 고객의 주변 사람들 중 해당 서비스에 대해 모르는 사람이 적어지기 때문이다. 다들 아는 걸 굳이 소문내려는 사람도 없을뿐더러 고객 자신이 해당 서비스에 익숙해짐에 따라 새롭다는 느낌도 희미해져 전파의 대상이라고 생각하지도 않는 경향이 강해진다.

또한 대체로 신규 고객과 접촉하는 커뮤니케이션 채널은 유료 광고나 검색 대응 정도로 제한되어 있지만 기존 고객에게는 전화, 이메일 등 보다 더 다양한 접촉 경로가 있고 대체로 메시지에 응답할 가능성도 더 높다. 그러므로 일반적으로 신규 고객 획득보다 유입된 고객을 활성화하고 유지하는 데 노력을 기울이는 비용이 더 낮고 효과적이다. 포레스트 리서치의 연구 결과에 따르면 신규 고객 유치는 기존 고객 유지에 비해 5배 비용이 더 든다. 베인앤컴퍼니는 고객 유지율이 5%만 상승해도 영업 이익은 25~95% 증가한다는 연구 결과를 발표했다.

활성화/유지 전략의 기본 방향

애써 끌어들인 고객들이 왜 제품이나 서비스를 제대로 사용해보지도 않고 떠나 버릴까? 고객이 활성화되지 않고 이탈(Bounce)하는 문제를 해결하려면 도대체 어떻게 해야 할까? 고객 활성화 전략은 크게 2가지 방향성이 있다.

첫째는 사용자가 제품 사용 욕구를 강하게 느끼도록 부채질하는 것이다. 에어비앤비가 등장하기 전 숙박 정보를 공유할 수 있는 커뮤니티는 크레이그리스트뿐이었다. 크레이그리스트의 인터페이스는 몹시 복잡했지만 마땅한 대안이 없으므로 여행자를 유치하고자 하는 사람은 무조건 적응해야 했다. 난치병에 걸린 사람은 아무리 비싼 약도, 아무리 불친절한 의사도 감수할 수밖에 없는 것과 같다. 대한민국을 드라마 열풍에 빠트린 스카이캐슬을 되새겨 보자. 자녀를 무조건 원하는 대학, 원하는 학과에 진학시켜준다는 김주영 선생님을 만나려면 은행에 거액을 예치하고, 학부모가 면접을 봐야 하며, 공부방 인테리어, 식단, 일정 등의 간섭을 받으면서 억 소리가 나는 비용을 지불해야 한다. 그 험난하고 번거로운 과정을 이 악물고 따르는 이유는 무엇인가? 오로지 "욕망(Desire)"이다. 손님을 맞으려면 크레이그리스트의 불편한 UI도 감수해야 하고, 병이 나으려면 의사의 불친절쯤은 별거 아니며, 자녀 입시를 위해 천문학적인 비용을 내도록 하는 것이 바로 고객의 욕망인 것이다.

| 고객의 욕구를 자극하는 과장 광고가 범람하는 데는 이유가 있다.

우리 기업이 고객에게 압도적인 가치를 제공하는 독점적 위치의 공급자라면 고객의 자발적인 활성화를 기대할 수도 있다. "상담만 받으셔도 XXX를 드립니다", "전화 한 통으로 당신의 인생이 달라집니다", "이 광고를 보는 순간 당신은 억만장자의 길에 들어섰습니다", "월수익 XXX원 보장", "알약 하나 먹었을 뿐인데 10kg 감량했어요" 등의 홍보문구나 비현실적으로 느껴지는 Before / After를 대조하는 사진, 동영상 광고 등이 떠오를 것이다. 고객을 획득(Acquisition)할 때 엄청난 이익을 미리 제시함으로써 고객의 활성화율을 높일 수 있다. 그러나 이러한 과장 광고는 제품 및 서비스가 약속한 가치를 제공하지 못하면 더 이상 유지될 수 없다. 이러한 과장된 방식으로는 잠시 잠깐 적은 사람을 현혹시켜 고객 획득-활성화에 일시적으로 성공한 것처럼 보이더라도 그로스해킹 방식의 성장은 불가능하다.

만약 실제로 제품 및 서비스가 탁월한 절대 가치를 제공한다면 유입된 고객 중 상당수가 자연스레 활성화될 것이다. 뛰어난 명의(名醫)는 광고하지 않아도 환자가 몰리고, 진짜 맛집은 변변한 간판 하나 없어도 먼 데서 손님이 찾아온다. 그러나 세상의 많은 제품과 서비스가 손 놓고 있어도 될 만큼 엄청나게 차별화되기는 어렵다. 고만고만한 제품 중 좀 나은 수준인 게 현실이다. 그러므로 유입된 고객에게 장점을 조금이라도 더 잘 보여주고자 노력해야 한다. 고객이 제품 및 서비스의 가치를 최대한 손쉽게 경험하도록 걸림돌을 제거하는 것, 이것이 고객 활성화의 두 번째 전략이다.

페이스북의 매력은 무엇인가? 뉴스피드로 친구들의 근황도 알 수 있고, 내 취향에 맞는 콘텐츠를 만날 수 있으며, 현실에서 만나기 어려운 사람들과 친구가 될 수도 있다는 점이 아닐까? 페이스북의 가치를 느끼려면 충분한 친구가 필요하다. 옛 고등학교 동창들과 연결되고, 그들의 친구들과 알게 되며, 친구들이 공유하는 글에 대한 나의 반응을 토대로 페이스북이 추천해준

여러 콘텐츠를 보다 보면 또 새로운 사람을 알게 된다. 그러나 처음 페이스북을 접하는 사람은 친구가 없고, 그러므로 뉴스피드는 텅텅 비어 있다. 페이스북의 재미를 느끼고 활성화되며, 재방문하는 유지 고객이 없는 상황에서 서비스를 시작하기 마련이다.

페이스북이 세운 활성화 전략은 "10일 이내에 7명의 친구 만들어 주기"였다. 학교나 직장 정보, 전화번호, 친구의 친구 등을 알 수도 있는 사람으로 계속 추천하고, 친구들이 어떤 게시물에 관심을 보이는지 알려 주며, 친구와 메신저 대화를 주고받도록 독려한다. 신규 회원의 초반 10일에 친구를 늘리기라는 단 하나의 목표에 모든 것을 맞추는 페이스북의 활성화 전략은 실제로 엄청난 성공을 거두었고, 오늘날 전 세계 24억 명이 이용하는 전무후무한 소셜네트워크 서비스를 만들어 냈다.

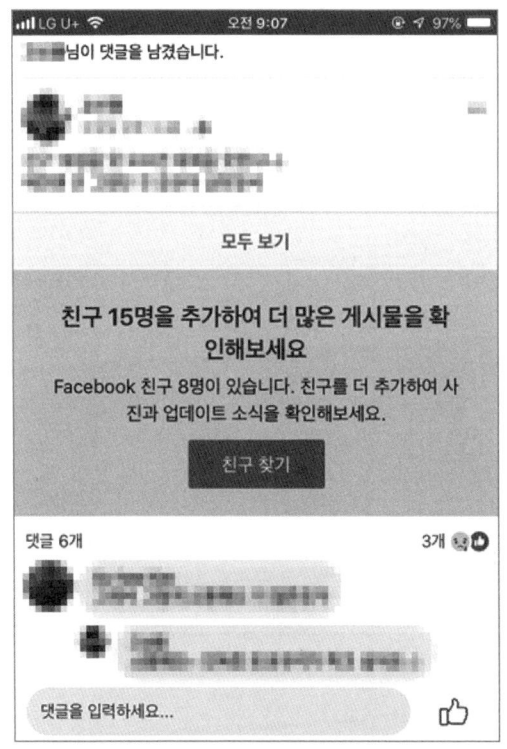

| 페이스북의 친구 추천은 고객 활성화의 대표적인 사례이다.

제품이나 서비스의 가치를 느끼려면 숙련도가 필요할 때도 있다. Adobe사의 포토샵이 대표적인 예이다. 포토샵은 좋은 도구지만 초보자가 선뜻 활용하기에는 어렵기도 하다. 어도비는 고객 활성화를 위해 일주일 무료 체험판을 제공했지만 2가지 문제점이

발견되었다. 하나는 책이나 동영상, 강의 등 별도 교육을 받지 않은 사용자가 보고 따라 하기에는 어도비가 제공하는 매뉴얼이 너무 길고 지루하다는 점이다. 또 다른 문제는 무료 체험 기간 동안 다양한 작업을 시도해봐야 포토샵을 금세 익히고 매력을 느낄 수 있는데, 초보 사용자들에게 그럴만한 마땅한 동기가 없다는 것이다. 무료 체험판을 해보는 사람(유입된 고객)은 많았지만, 한 번 켜봤다가 뭐가 뭔지 몰라 꺼버릴 뿐 제대로 한 번 해보는 사람(활성화된 고객)은 가뭄에 콩 나듯 했다.

어도비는 포토샵의 튜토리얼에 게임화(gamification)를 시도했다. 게임화란 사람들이 재미없어하거나 번거로워하는 일에 게임에서 흔히 볼 수 있는 재미,

| 고객 활성화를 위해 게임화 학습(gamification)을 도입한 어도비 포토샵

보상, 경쟁 등의 요소를 도입해서 기꺼이 참여하게 만드는 방법이다. 지루하고 긴 포토샵 매뉴얼을 사용자가 즐겁게 익힐 수 있도록 어도비는 레벨업(Level-up) 시스템을 만들었다. 포토샵 기능 학습을 각각 임무(Task)로 설정해 기능을 충분히 활용할 수 있도록 동기 유발했다. 학습자는 임무를 달성할 때마다 레벨이 올라가 재미를 느낄 뿐만 아니라 새로운 레벨에 걸맞은 우대 혜택을 받을 수 있었다. 임무를 수행함에 따라 점점 더 포토샵의 편리함과 유용성을 이해하며, 어도비 소프트웨어들이 갖는 장점을 깨닫도록 만드는 것이다. 이러한 방식을 통해 어도비는 활성화된 무료 체험판 고객이 정식 제품을 구매한 비율을 4배나 높였다.

페이스북이나 어도비의 사례 외에도 여러 기업의 다양한 고객 활성화 전략이 있다. 스타트업 채용 플랫폼인 로켓펀치는 방문자가 블로그 콘텐츠만 보고 나가 버리는 상황을 개선하고자 원클릭 회원가입을 도입해 회원 가입 비율을 3배나 증가시켰다. 엘리트 프로그램을 도입해 유지율을 올린 Yelp나 사용자의 프로필이 조회될 때마다 알림 메일을 보내 재방문을 유도하는 링

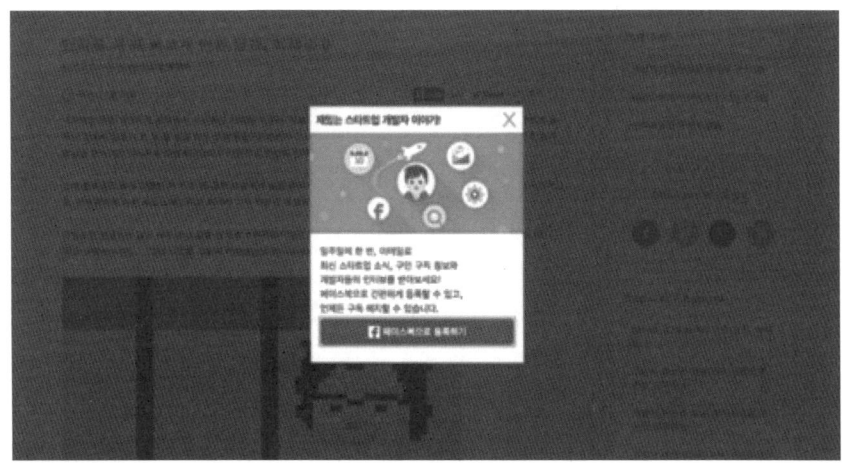

| 로켓펀치는 원클릭 가입을 도입해서 회원가입 비율을 300% 증가시켰다.

크드인 등도 유명한 사례이다. 가입 절차를 간소화하거나 이용법 학습에 게이미피케이션 기법을 동원하는 것이나, 한정 사은 이벤트 등을 넘어 최근에는 머신러닝(machine Learning) 기술을 이용해 개인화 웹사이트나 맞춤형 혜택 제공 등의 다양한 IT 기술 기반의 창의적 그로스해킹(hacking) 사례도 등장하고 있다.

코호트 분석으로 이탈 포인트 찾기

효과적인 고객 활성화 전략을 세우려면 올바른 상황 파악이 필요하다. 공들여 끌어모은 고객은 왜 이탈하는 것일까? 이유는 여러 가지이다. 친구가 많아야 하는 페이스북처럼 핵심 가치를 느낄 때까지 고객의 인내심을 요구할 수도 있고, 어도비 포토샵처럼 사용법을 익히고 제품을 써 보는 동기 부여가 필요할 수도 있다. 서비스를 접했을 때 뭘 어떻게 해야 하는지 적절한 안내를 받지 못했을 수도 있고, 엉뚱한 기능이 핵심 콘텐츠라고 착각했을 수도 있으며, 호감을 줘야 하는 첫 페이지에서 서비스의 가치를 한눈에 파악하기 어려운 게 문제일 수도 있다. 정확한 원인이 뭔지 파악하기 위해 기업은 획득된 고객의 행동 데이터를 분석해 어느 시기에 집중적으로 이탈이 일어나는지 관찰하고, 한발 더 나아가 실험을 거듭해 고객의 유지율을 제고해야 한다. 이때 많이 쓰이는 방법이 코호트 분석과 A/B 테스트이다.

코호트 분석(Cohort Anlaysis)이란 특정 기간에 특정한 경험을 공유한 사람들을 동질집단으로 묶어 집단 간 행동 패턴을 비교 분석하는 사회과학적 관찰 방법이다. 예를 들어 최근 5년 동안 담배를 피웠던 흡연자와 비흡연자를 두 집단으로 나누어 100m를 몇 초 만에 뛰는가를 비교하는 식이다. 코호트 분석은 원래 사회과학적, 의학적 연구에 많이 쓰이는 방법이다. 같은 나잇대, 같은 성별인 사람들은 자라면서 비슷한 사회적 경험을 하고 비슷한 문화적 가치나 신념, 태도를 지니는 경향이 있다. 그래서 사회적으로 출생 코호트 분석이 많이 이뤄지다 보니 코호트 분석을 인구통계학적 분류에 기반한 세대별 비교 연구로 생각하는 경우가 많다. 그러나 분류 결과가 비슷하더라도 코호트 분류는 특정 기간 동안의 경험을 기준으로 삼으므로 연령, 성별 등의 인구통계학적 고객 세분화와는 다르다.

| 코호트 분석은 특정 기간에 특정 경험을 공유하는 집단들을 비교하는 기법이다.

비즈니스적인 코호트 분석은 같은 랜딩페이지로 유입된 고객, 비슷한 제품을 둘러본 고객, 같은 제품을 구매한 이력이 있는 고객, 결제금액이 비슷한 사람 등 다양한 기준으로 동질집단을 나눠 사업적 의미가 큰 고객의 특성을 알아내는 데 많이 활용된다. 코호트 분석을 이용하면 시간의 흐름에 따라 유입 고객이 유지, 이탈하는 경향을 파악할 수 있다. 고객이 지속적으로 재

방문하는지, 언제쯤 재방문하는지, 시간에 지남에 따라 고객의 활성화 정도가 어떻게 변화하는지 등을 수치화하여 전략을 세우는 데 도움이 된다.

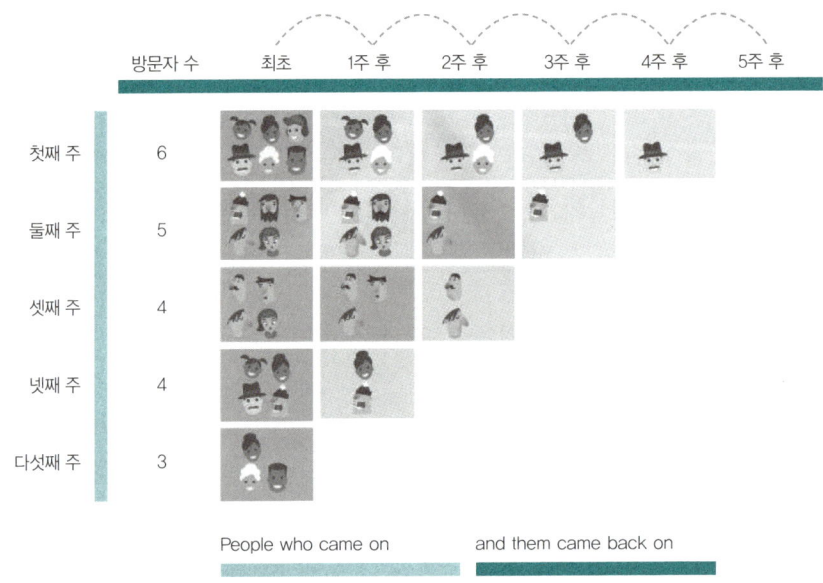

| 코호트 분석 보고서의 일반적인 형태

보편적인 코호트 분석 결과는 위와 같은 형태이다. 이 그래프를 보는 방법을 간단히 알아보자. 첫 번째 행만 떼고 보자. 사이트를 오픈하고 첫째 주에 6명이 사이트를 방문했다. 1주 후 4명만 남았고, 2주 차에는 3명, 3주 차 2명, 4주 차에 1명만 남게 되었다. 이처럼 그래프의 행(row)은 동일한 시기에 사이트를 방문한 고객들이 시간이 흐름에 따라 얼마나 유지되는지를 나타낸다.

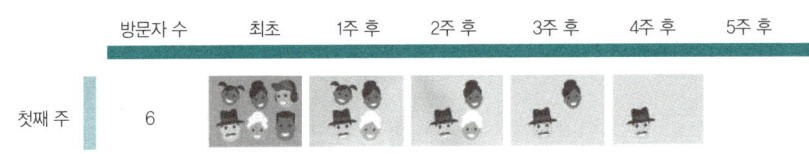

두 번째 행을 더해보자. 두 번째 행의 사람들은 사이트를 오픈한 다음 주에 처음 방문한 5명이다. 이들도 방문한 지 1주일이 지나자 4명만, 2주 차에는 2명만, 3주 차에는 1명만 남았다. 코호트 그래프의 행(row)은 한 집단이 시간의 흐름에 따라 어떤 패턴을 보이는가를 나타낸다.

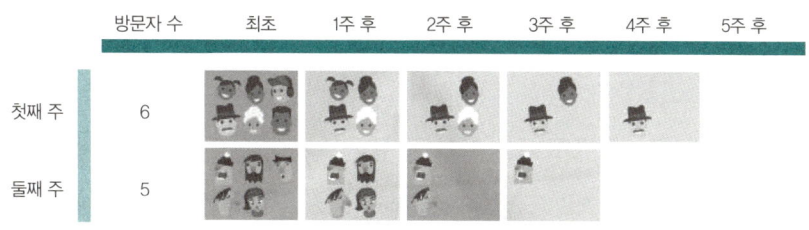

이제 그래프를 세로열(column)로 보자. 사이트를 방문한 1주 후 첫 번째 집단은 2명이 이탈했고, 두 번째 집단은 1명이 이탈했다. 2주 차에는 첫 번째 집단은 1명, 두 번째 집단은 2명이 이탈했다. 이런 방식으로 정리해보면 모든 집단에서 유난히 이탈이 많은 시점이 언제인지 알 수 있다.

더불어 코호트 분석은 서비스가 얼마나 발전하고 있는가도 볼 수 있다. 만약 각 주차에 유지되는 고객 수가 첫 번째 집단보다 뒤로 갈수록 많아진다면, 서비스의 활성-유지 전략이 효과적이라는 이해도 가능하다. 예를 들어 어떤 게임의 플레이어 집단마다 게임 시작 3일 차에 이탈률이 크다 치자. 3일 차에 플레이어들의 레벨대와 콘텐츠를 점검하여 지루한 부분을 축소하고 재미있는 퀘스트를 추가한다. 그 후 획득되는 신규 플레이어들의 3일 차 이탈률이 콘텐츠 업데이트 이전보다 낮다면 적합한 조치였다고 평가할 수 있다.

기업은 항상 신규 고객을 획득하기 위한 홍보마케팅 노력을 꾸준히 기울인다. 일일 방문자 수로만 고객을 뭉뚱그려 파악하면 깨진 독에 물 붓기처럼 유입된 고객이 이탈하고 있는 경우를 파악하기 어렵다. 특정 기간에 획득한 고객을 각기 묶어 코호트 분석을 실시하면 어느 시점에서 고객의 활성도가 급락하는지, 언제 이탈했던 유저가 재방문하는지 등의 현재 상황을 정확히 이해할 수 있다. 특히 고객 획득을 위해 여러 혜택을 제시하는 공격적인 마케팅 캠페인을 진행한다면 체리피커(Cherry picker)를 방지하기 위해서라도 코호트 분석은 필수이다.

일반적으로 코호트 분석의 행 분류(고객 집단의 분류)를 최초 방문 시점으로 하지만, 분류 기준은 여러 가지다. 예를 들어 페이스북 광고를 통해 유입된 유저, 네이버 검색을 통해 유입된 유저 등으로 분류해 시간의 흐름에 따라 유지율을 비교할 수도 있다. 만약 네이버 검색으로 들어온 사람들의 유지율이 다른 집단보다 높다면 활성화 – 유지율을 높이기 위해 다른 마케팅 채널보다 네이버 검색에 주력해야 한다는 통찰을 얻을 수 있다.

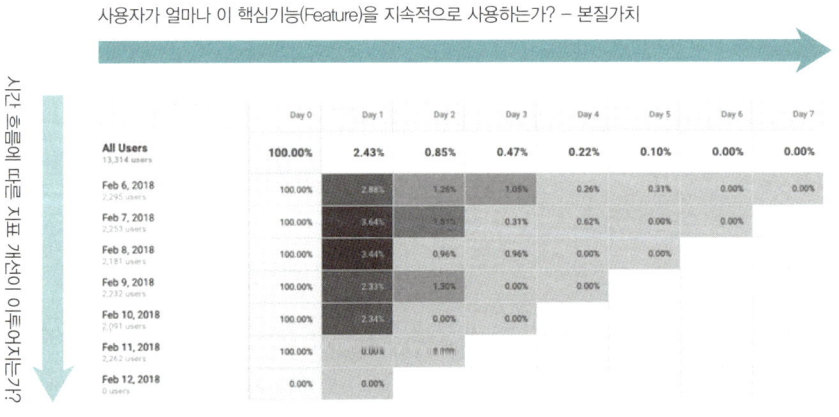

| 코호트 분석 수치가 갖는 의미

고객을 활성화하고 유지한다는 말은 단순히 웹사이트를 재방문하거나 모

바일 앱을 자주 실행한다는 뜻에 그치지 않는다. 시간이 지나도 고객이 서비스의 핵심 기능을 지속적으로 활용되어야만 하는 것이다. 예를 들어 보자. 스캔뉴스는 외국어 신문이나 뉴스, TV, 라디오 등을 보면서 영어, 중국어, 일본어, 독일어, 프랑스어 등을 공부하는 심플한 무료 앱이다. 네이버 검색 연구센터 연구원 출신인 배영규 대표가 "영자신문 보다가 모르는 단어 나오면 찾는 게 불편해서 만들었는데, 써 보니 편리해서 남들도 유용하게 쓰라"고 만든 앱이다.

스캔뉴스 앱을 설치한(Acquisition) 사용자는 신문기사나 동영상, 오디오에 함께 제공되는 영어 자막을 무료로 볼 수 있다. 다른 앱과 차별화된 스캔뉴스만의 매력은 신문기사나 영어 자막에서 모르는 단어를 한 번 터치하면 바로 뜻을 보여주고(Activation), 내 단어장에 저장해 따로 공부할 수도 있다는 점이다. 사용자는 원하는 채널이나 글, 기사, 동영상 등을 즐겨찾기 해두고 문장

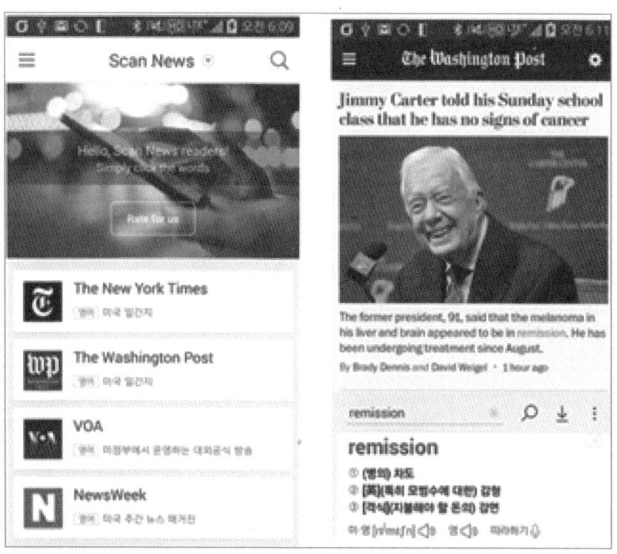

| 편리한 무료 영어 학습앱 스캔뉴스

번역, 듣고 따라하기 등을 학습(Retention)하기 위해 앱을 실행한다. 스캔뉴스의 초기버전에서의 수익모델(Revenue)은 배너 광고 노출을 추구했다.

스캔뉴스가 처음부터 잘 운영된 것은 아니다. 초기에는 앱의 수익화를 위해 기사 몇 개는 무료로 보여준 후 더 보려면 결제하는 방식, 기사는 무료로 보지만 단어의 뜻을 보려면 결제하는 방식 등의 다양한 가설을 실험하였다. 최종적으로 배너 광고로 수익 모델을 세웠지만, 문제가 발생했다. 광고 수익을 내려면 사용자의 재실행률이 높아야 하는데, 사용 빈도가 일주일 이상 유지되지 못하는 것이다. 스캔뉴스는 각 페이지의 사용자를 다양한 코호트로 나눠 행동 패턴을 관찰했다. 그 결과 같은 기사를 반복해서 읽는 사용자의 유지율이 높다는 점을 발견하고, 책갈피(Bookmark) 기능을 추가했다. 이후 방문자 집단의 이탈률이 낮아졌다. 스캔뉴스는 실험 결과를 토대로 내 단어장, 내 채널 등 사용자가 콘텐츠를 반복 학습하도록 돕는 기능을 추가함으로써 현재의 모습을 갖추게 되었다.

비즈니스 모델 역시 배너광고의 클릭률에 대한 다양한 실험을 진행했고, 영어 학습을 목적으로 유입된 고객이 배너광고 클릭을 통한 앱 이탈 경험이 적합하지 않다고 결론 내렸다. 그리고 자막이 포함된 오디오 클립과 비디오 클립을 1분만 재생 가능하도록 제약을 주는 방식으로 서비스를 구현한 후 제약 없는 서비스 이용을 위해서는 월 정액제 서비스에 가입하도록 하는 구독 방식으로 최종적으로 변경 적용했다.

코호트 분석은 고객의 이탈 원인을 찾고 개선 조치의 효과를 파악하는 데 큰 도움을 준다. 구글 애널리틱스로 코호트 분석을 하려면 잠재고객 → 코호트 분석 메뉴를 이용할 수 있다. 시간의 흐름에 따라 사용자의 활성도가 변화하는 추이를 보여주며, 수집된 데이터를 바탕으로 한 번 이탈했던 사용자가 어느 시점에 재활성화될지 등을 예측하는 기능 등을 지원한다.

| 구글 애널리틱스의 코호트 분석 보고서

기업은 코호트 분석을 통해 어떤 마케팅 채널에서 유입된 고객의 유지율이 가장 좋은지, 스캔뉴스의 사례처럼 같은 기사를 반복해서 읽는 고객과 첫날 수많은 기사를 읽는 고객 중 누가 더 이탈률이 낮은지 등을 알고 싶어한다. 그러나 구글 애널리틱스의 기본 셋업으로는 고객을 오직 획득 날짜(Acquisition Date)로만 구별할 수 있고, 유지(Retention)도 페이지 방문으로만 설정 가능하다. 코호트나 고객 유지를 다양하게 정의할 수 없으니 실무에서는 활용도가 떨어진다. 구글 애널리틱스로 서비스의 핵심 가치를 측정하는 코호트 분석을 적용하려면 Event Tagging을 활용해 목표로 하는 핵심 기능 모델링하여 별도 데이터를 수집해야 한다. 다소 번거로운 방식이지만 구글 애널리틱

스를 꼭 이용하고자 한다면 뒤에서 좀 더 자세히 다루는 이벤트 트래킹 항목을 참고하기 바란다.

좀 더 쉽게 고객 집단이나 유지율을 다각도로 살피려면 믹스패널(mixpanel.com)이나 키스메트릭스(kissmetrics.com) 등의 유료 도구를 이용할 수 있다.

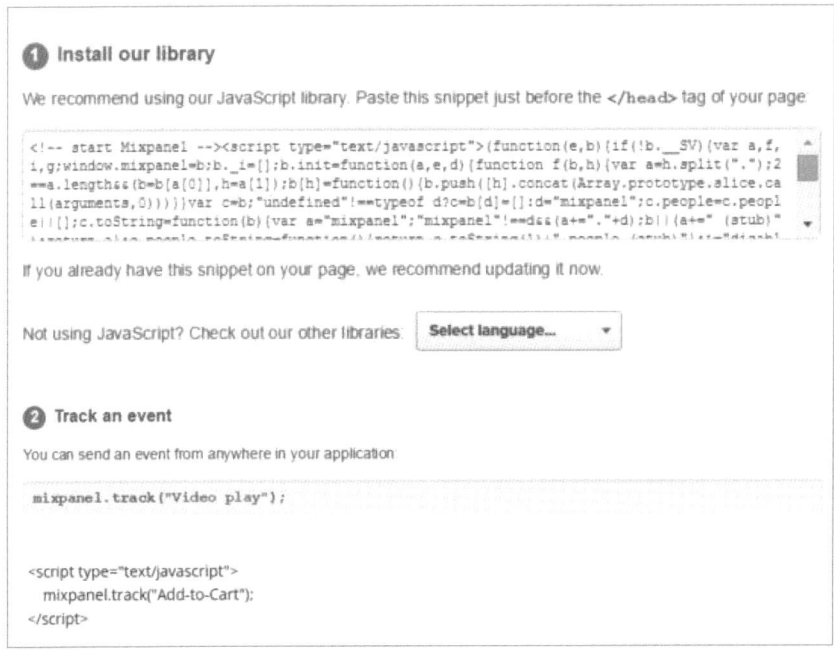

| 믹스패널을 이용하려면 라이브러리와 추적코드를 심어야 한다.

유료인 믹스패널은 코호트 분석에 매우 유용하다. 사이트에 라이브러리를 설치하고 추적 코드를 심어두면 방문자를 개별적으로 식별해 데이터를 수집한다. 그러므로 다양한 기준으로 동질집단을 분류할 수 있고, 고객이 유지된다는 것이 무엇을 의미하는지 비즈니스에 알맞게 정의 가능하다. 믹스패널이나 키스메트릭스 등의 전문적인 유료 도구는 고객의 행동 패턴을 관찰하고 이탈 포인트를 찾는데 무료인 구글 애널리틱스 보다 효과적이다.

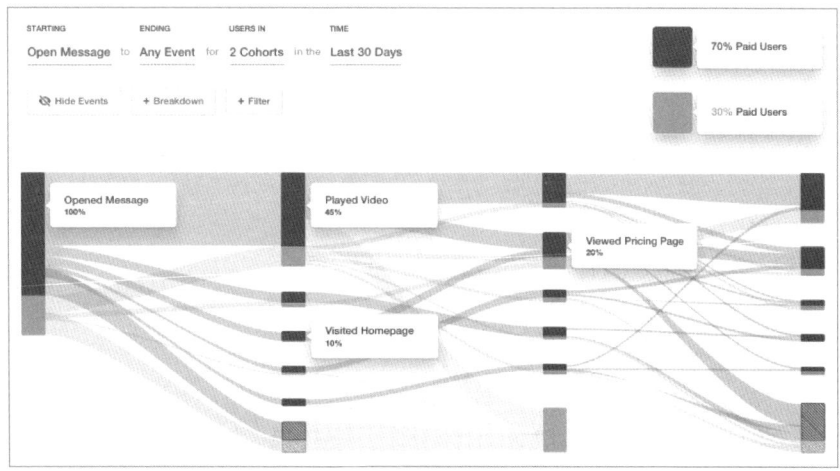

| 믹스패널은 코호트를 다양하게 정의하는 이점이 있다.

A/B 테스트로 개선 방안 찾기

고객의 이탈 포인트를 찾았다면 개선 방안이 필요하다. 고객이 우리 서비스의 핵심 기능을 경험하고, 쉽게 적응하며, 물 흐르듯 자연스럽게 전환에 이르게 유도하려면 뭘 어떻게 해야 할까? 무엇보다 먼저 Product-Market Fit으로 제품 및 서비스의 본질 가치가 검증되어야 한다. 다음으로 고객의 손을 잡고 전환으로 안내하는 UI(User Interface)와 UX(User eXperience) 설계가 정교해야 한다. Tereza Litsa가 제시한 11가지 랜딩페이지 최적화 체크 리스트를 참고해 개선안을 구상해보자.[30]

---

30. searchenginewatch.com/2016/07/14/11-quick-ux-tips-to-improve-landing-page-conversion/

- ☐ 간결함을 유지해야 한다.
  : 방문자가 랜딩페이지의 목적을 알 수 있도록 너무 많은 내용을 넣지 않는다.
- ☐ 사용자처럼 생각한다.
  : 유저가 누구인가? 메시지를 전달하는 최선의 방법은 무엇인가? 제품이 고객에게 어떤 이익을 줄 것인가 등 목표 고객의 입장에서 랜딩페이지의 구성과 디자인을 바라봐야 한다.
- ☐ 간단명료한 말을 쓴다.
  : 전문용어나 복잡한 표현 없이 제품과 서비스의 컨셉을 방문자에게 전달하는 간단한 문구를 만들어 내야 한다. 큰 소리로 읽어 보는 것이 도움이 된다.
- ☐ 가급적 정보를 요구하지 않는다.
  : 가입 프로세스를 빠르고 간편하게 만들어야 한다. 유저의 정보는 최소한으로 요청하고, 꼭 필요하다는 점을 이해시킨다.
- ☐ 고객을 움직이는 행동유도(CTA: Call To Action) 요소를 만들어 낸다.
  : 고객의 행동을 촉구하는 모든 요소는 색깔, 크기, 모양, 글씨체 등 사소한 것까지 효과를 실험해 최상의 모습을 갖춰야 한다.
- ☐ 감성적인 디자인이 필요하다.
  : 고객의 마음에 영향을 미치는 색채와 톤을 설정하고, 핵심 메시지를 적절한 위치에 배치하면 전환율을 높일 수 있다.
- ☐ 랜딩 페이지를 지원사격할 딱 맞는 시각적 요소를 활용하자.
  : 제품/서비스를 설명하는 짧은 영상/인포그래픽, 실제 사례 등을 적절히 활용한다.
- ☐ 속도, 모바일 친화도 등이 최적화되어야 한다.
- ☐ 고객의 문제점을 어떻게 해결해주는지 설명해주어야 한다.
  : 제품/서비스가 고객의 어떤 문제점을 어떤 방법(원리)으로 해결할 수 있는지 자세히 설명해줌으로써 고객의 의사결정에 필요한 정보를 충분히 제공해야 한다.
- ☐ 고객의 집중을 방해하는 장애물(배너, 팝업, 메뉴, 외부링크 등)을 제거하라.
  : 고객은 페이지에 접속한 후 5~10초 이상 관심을 기울이지 않고 떠난다.

고객을 활성화하고 유지율을 높이기 위해 기업이 세우는 개선 방안은 실제 소비자의 반응을 확인할 때까지는 그저 증명되지 않은 가설(Hypothesis)에 불과하다. 폴라리스 오피스(Polaris Office)는 스마트폰이나 태블릿에서는 Microsoft Office에 버금가는 오피스 솔루션이다. 폴라리스 오피스는 "아이콘이 제품을 선택하는 데 큰 영향을 주는가?"를 알아보기 위해 다양한 앱 아이콘 시안을 만들어 실험에 돌입했다. 가장 좋은 반응을 얻은 아이콘 덕에 폴라리스 오피스의 고객 유입은 30% 이상 증가하였다.

TIRGGER TO CHANGE UX - ICON

실험안	실험기간	설치결과	예상실적
P	3일	44.1%	-25.6% ~ -13.0%
P	4일	44.3%	-22.8% ~ -17.7%
(아이콘)	2일	56.0%	+21.5% ~ +35.8%
(아이콘)	2일	54.4%	+14.1% ~ +27.7%
(아이콘)	3일	55.3%	+17.3% ~ +34.0%
(아이콘)	3일	48.0%	-13.2% ~ -1.2%
F	3일	41.9%	-31.3% ~ -23.9%
P	2일	53.5%	+9.6% ~ +23.1%
(아이콘)	4일	54.1%	+12.6% ~ +26.1%

| 폴라리스 오피스의 아이콘 최적화 A/B 테스트 – 인프라웨어 윤희욱 팀장/블로터(2017)

A/B 테스트는 이처럼 2개 이상의 후보 중 최적안을 선정하기 위한 비교 실험을 말한다. 분할 실험(Split Test), 다변량 테스트(Multi Variate Test)라고도 부른다. 웹사이트나 앱의 인터페이스(UI/UX)를 최적화하기 위해 사용자를 두 집단으로 나눠 원본(A안)과 새로운 시안(B안)을 임의로 보여준 후, A와 B 중 사용자가 더 선호하는 쪽을 선택하는 방식이다. 미국 대선에서 오바마 캠프의 이메일 담당자들이 다양한 메일 제목을 실험했던 사례도, 업워디가 동일한 콘텐츠에 다양한 제목을 붙여 최적의 제목을 찾아낸 것도, 폴라리스 오피스가 아이콘을 바꿔 고객 유입을 30% 이상 늘린 것도 모두 A/B 테스트를 통해 더 나은 방안을 찾아낸 대표적인 사례이다.

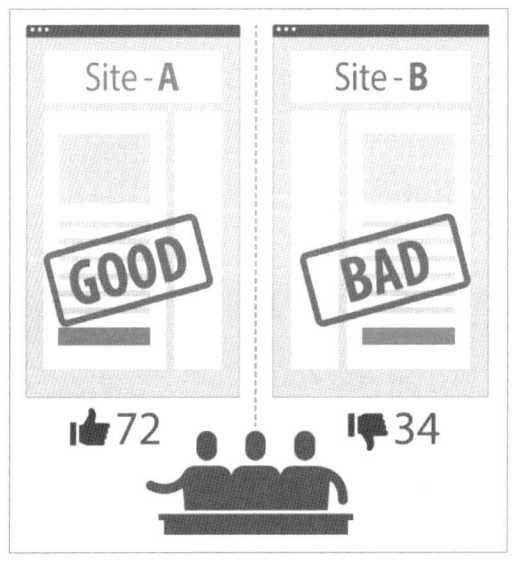

물론 A/B 테스트는 두 시안 중 고객의 반응을 더 많이 이끌어 내는 안이 무엇인지만 확인할 뿐 왜 그런 결과가 나오는지 심층적인 원인을 파악하기는 어렵다. 그러나 총성 없는 전쟁터에 있는 기업은 심도 깊은 해설(Explanation)이 아니라 실질적인 성과를 가져다줄 해결책(Solution)이 필요하다. 광고 배너에 "지금 당장 주문하세요" 문구를 넣을까 말까 고민된다면 A/B 테스트를 실시하자. "지금 당장 주문하세요"를 넣었을 때의 전환율이 더 높다면 모든 고객에게 해당 문구가 삽입된 광고를 보여주면 된다.

Signalvnoise.com의 흥미진진한 A/B 테스트 경험을 들어 보자.[31] Signalvnoise.com은 원래 highrisehq.com을 본뜬 디자인의 웹사이트를 갖고 있었다. 비교적 위쪽에 "See Plans and Pricing" 구매 버튼이 있고 아래쪽

---

31. signalvnoise.com/posts/2977-behind-the-scenes-highrise-marketing-site-ab-testing-part-1

에 다양한 콘텐츠가 배치된 모양이었다. 그러던 어느 날 직원 중 한 명이 웹사이트의 시각적 최적화에 대한 놀라운 정보글[32]을 공유했다. 긴 편지형 디자인의 맨 끝에 편지처럼 꾸민 구매 버튼을 놓으면 전환율이 높아진다는 내용이었다.

Signalvnoise.com 직원들은 정말 그런지 궁금했다. 구매 버튼이 위에 있는 원 디자인(A안)과는 전혀 다른 시안이 만들어졌다. 서비스의 효과를 설명해주는 다양한 콘텐츠를 배치한 긴 스크롤 끝에 고객에게 구매를 권유하는 편지 형식의 버튼을 추가(B안)한 것이다. Signalvnoise.com은 A/B 테

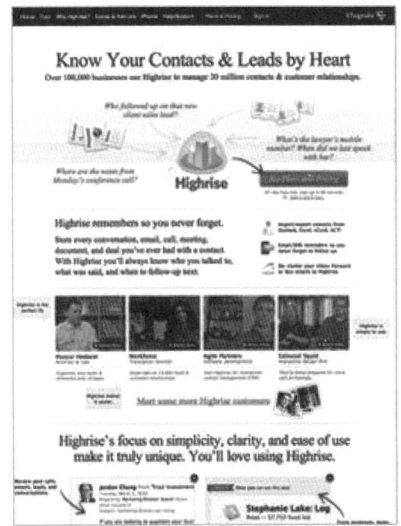
ORIGINAL DESIGN

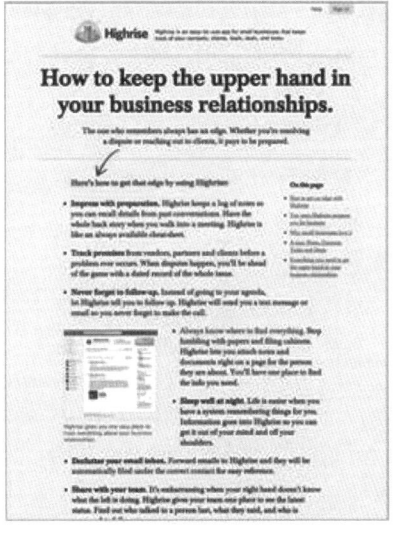
LONG FORM DESIGN
37.5% ↑

| Signalvnoise.com의 원래 디자인(좌 : A안)과 긴 편지 형식으로 바꾼 새로운 시안(우 : B안)

---

32. vwo.com/blog/long-sales-letter-copywriting/

스트에 돌입했다. 랜덤으로 사이트 접속자의 절반에게는 원래 디자인인 A안을, 나머지 절반에게는 긴 편지 형식의 새로운 시안인 B안을 보여주었다. 결과는 놀라웠다. 실험 기간 동안 웹사이트에는 42,000여 명이 방문하였으며, 긴 편지 형식의 B안을 본 사용자의 회원 가입률이 원래 디자인 A안 보다 37.5%나 높았다.

A/B 테스트의 효과를 체험한 Signalvnoise.com 직원들은 다양한 시안을 실험했다. 그리고 웃고 있는 사람이 도드라지는 디자인(C안)이 원래 웹사이트보다 102.5%나 회원가입을 높일 수 있다는 점을 발견했다.

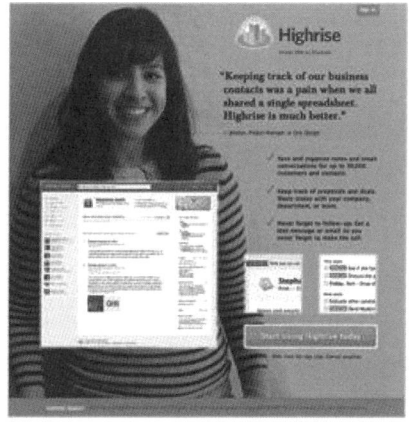

| 사람을 전면에 내세운 랜딩페이지(C안)가 더 높은 성과를 기록했다.

인물 디자인(C안)의 효과가 더 좋다는 사실은 Signalvnoise.com 직원들에게 호기심을 불러일으켰다. 왜냐하면 C안은 긴 편지 형식의 B안 보다 방

문자에게 전달하는 정보량이 훨씬 적은데도 불구하고 B안 보다 유료회원 결제 비율이 47%나 높았기 때문이다. 만약 인물 디자인(C안)에 더 많은 정보를 덧붙이면(D안) 더 좋은 성과를 거두지 않을까 의문을 가졌다. 안타깝게도 이 아이디어는 D안이 오히려 22.72% 낮은 성과를 기록하며 폐기되었다.

| 정보량이 늘어났지만 오히려 D안은 A안보다 성과가 낮았다.

그렇다면 C안의 사람을 바꾸면 어떨까? Signalvnoise.com은 비슷한 구도의 다른 인물 사진으로 실험을 단행했다. 결과적으로 미소 짓는 커다란 인물 사진에 방문자들이 긍정적으로 반응할 뿐 사진 속 인물이 누구인가가 미치는 영향은 그리 크지 않은 것으로 나타났다.

| 사진 속 인물이 누구인가가 성과에 미치는 영향은 그리 크지 않았다.

Signalvnoise.com처럼 웹사이트 방문자를 임의의 두 집단으로 나눠 각기 다른 시안을 보여주고 성과를 확인하는 실험은 어떻게 하는 걸까? 구글 애널리틱스의 행동 보고서 → Experiments에서 "Create Experiment" 버튼을 클릭한다. 알아보기 쉬운 실험의 이름을 적고 실험 목표(Objective for this Experiment)

는 원하는 성과 지표를 고른다. 예를 들어 A안과 B안 중 어느 쪽이 회원 가입이 더 높은가 알고 싶다면, 실험 목표의 측정 항목(metric)을 회원 가입으로 선택하면 된다. 웹사이트 방문자 중 몇 %에게 새로운 시안인 B안을 보여줄지 비율을 정한 후 기타 옵션을 정해준다.

| 행동 보고서의 Experiments에서 A/B 테스트를 설정한다.

실험 기간, 실험군 비율 등이 정해지면 비교 대상인 A안과 B안의 URL을 각각 입력한다. 물론 A/B 테스트는 2개 이상의 여러 시안의 성과를 A안과 동시에 비교하는 것도 가능하다.

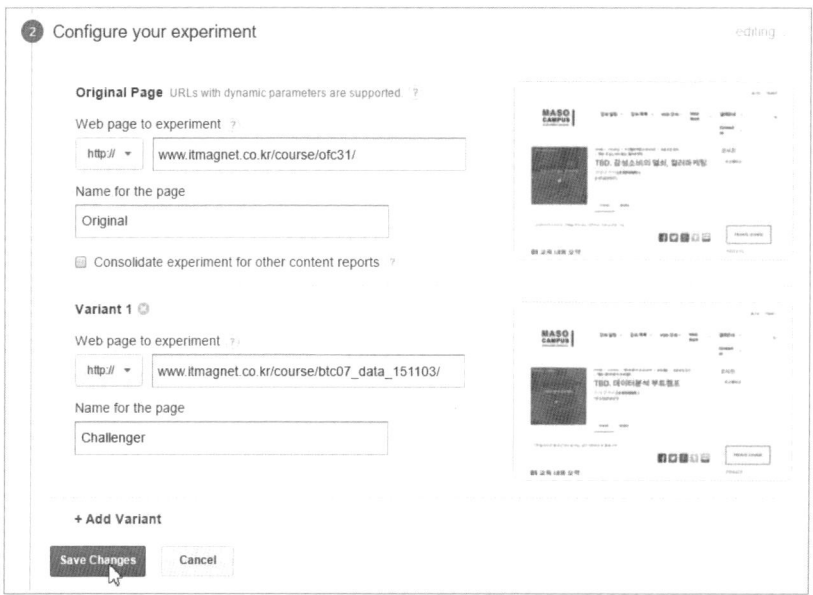

| 실험군과 대조군에 보여줄 각 시안의 URL을 입력한다.

이제 웹사이트의 헤더(Header)에 실험 코드(Experiment code)를 심을 차례이다. 실험 코드는 원래 사이트 주소(A안)로 들어 오는 모든 고객을 실험군인 B, C, D안 등으로 임의로 분배해주는 역할을 한다. 여러 디자인 시안의 성과를 확인하고자 각기 다른 URL을 입력해두었지만, 사실 고객 입장에서 보면 URL이 모두 같다. 고객은 그저 기업이 열심히 뿌려둔 광고를 클릭하여 랜딩페이지로 유입될 뿐이다. 그러므로 방문자마다 클릭하고 들어올 때 각기 다른 디자인을 불러오는 분배기가 필요하다. 랜딩페이지에 실험 코드를

심어두면 구글 애널리틱스가 알아서 A안으로 들어오는 사람들을 순차적으로 B안, C안으로 보내준다. 방문자들은 모두 광고를 클릭해 A안으로 접근했지만 자신이 실험을 위해 B, C의 다른 곳으로 보내졌다는 사실을 인식하기 어렵다.

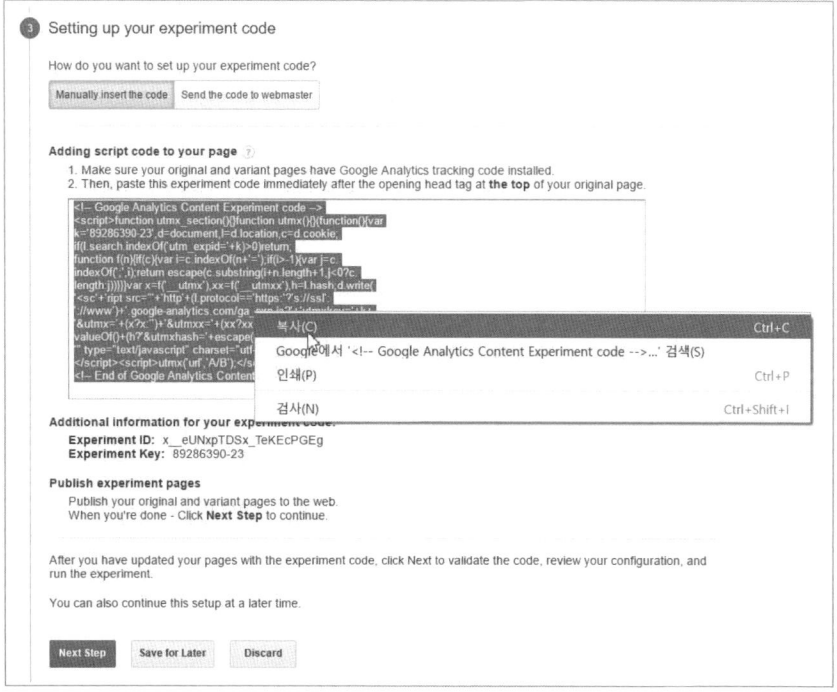

| 랜딩페이지에 실험 코드를 심어야 방문자를 각 시안으로 자동 분배해준다.

이제 실험이 끝날 때까지 기다리면 각 시안의 성과를 확인할 수 있다. A/B 테스트의 시안별 측정 항목 결과 수치는 구글 애널리틱스의 행동 보고서 → Experiments에 정리되어 있다. 결과를 참고하여 Signalvnoise.com처럼 더 나은 UI/UX 방안을 찾아보자.

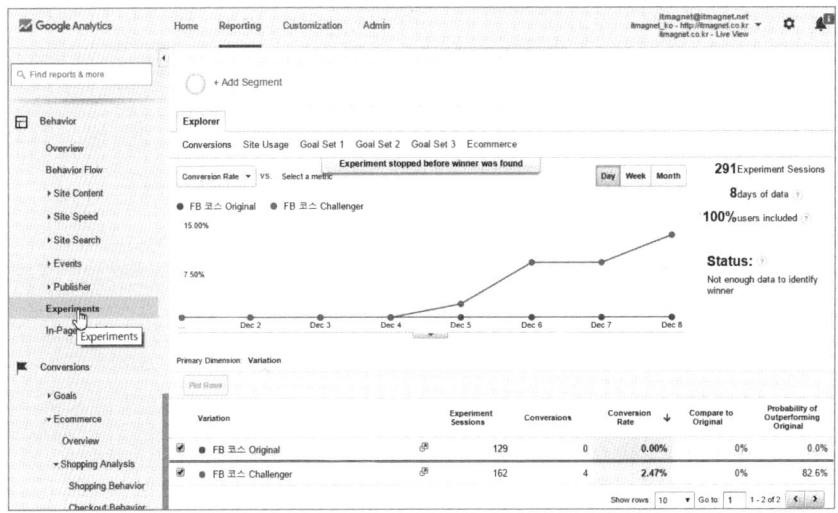

| A/B 테스트 성과가 높은 쪽을 선택하면 된다.

    A/B 테스트는 최적화(Optimization)의 대표적인 실험 방법으로서 구글 애널리틱스의 실험 기능 외에도 뛰어난 다른 도구가 많이 있다. 오바마 대선 캠프의 A/B 테스트 성공 신화를 이뤄낸 댄 시로커가 만든 옵티마이즐리(Optimizely)[33]의 모바일 버전은 멀티채널과 교차기기 전환 추적 능력으로 유명하다. 어도비 타겟(Adobe Target)[34]은 인공지능 기반의 방문자별 맞춤 최적화를 위한 A/B 테스트와 다변량 테스트에 위력을 발휘한다. 구글 옵티마이즈(Google Optimize)[35]는 이지윅(WYSIWYG: What You See Is What You Get) 방식을 채택해 쉽고 편리한 A/B테스트가 가능하다. 옵티마이즈는 사용자가 구성 요소를 Drag & Drop하므로 html이나 css를 모르더라도 버튼을 클릭하고 요소를 추가하거나 이동하면

---

33. www.optimizely.com/?modal=devsignup
34. www.adobe.com/kr/marketing/target.html
35. marketingplatform.google.com/about/optimize/

서 1~2분 만에 뚝딱 실험을 진행할 수 있다.

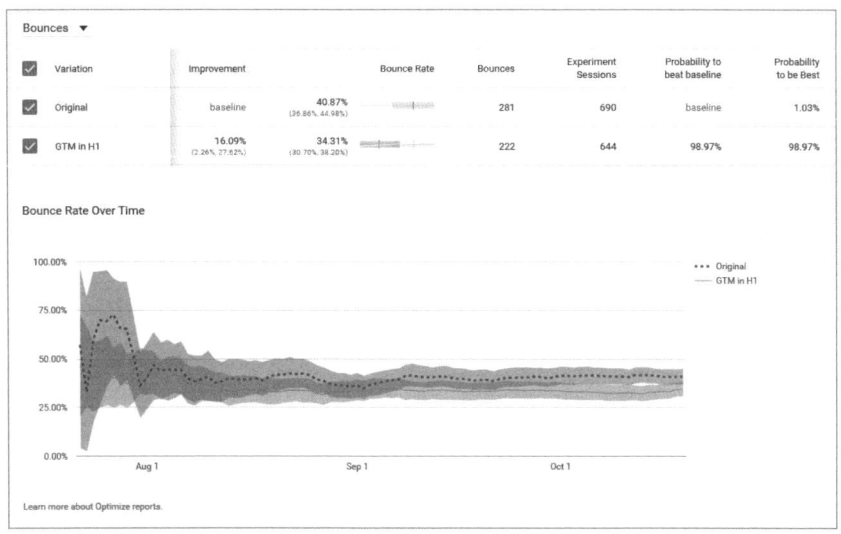

| Html 등에 자신 없다면 구글 옵티마이즈로 손쉽게 A/B 테스트 할 수 있다.

A/B 테스트는 랜딩페이지의 UI/UX를 최적화하는 좋은 방법이지만 완벽한 것은 아니다. A/B 테스트로 범용적인 결과를 얻으려면 실험 대상이 전체 사용자를 대표할 수 있을 만큼 충분히 커야 하고, 두 안이 임의로 할당되어야 한다. 남자에게는 A안을, 여자에게는 B안을 보여주는 식의 배분이 이뤄지면 결과가 왜곡된다. A안과 B안을 보여주는 실험은 동시에 진행되어야 함도 당연하다. 또한 모든 상관관계(Correlation)가 인과관계(Cause-and-effect relationship)는 아님에 주의해야 한다. 무턱대고 버튼 색깔 하나 바꾸는 문제로 A/B 테스트를 해대는 것도 옳지 않다. 고객의 구매 여정 전체를 조망하지 않고 사소한 버튼 색깔 하나, 이미지 한 개에 매달리다 보면 각 요소의 국지적 최적화(regional optimization)는 달성할지 몰라도 제품과 서비스 전체의 조화로운 최적화

는 놓치는 실수를 범하기 쉽다. 먼저 고객의 이탈 포인트를 확인하고, 문제 해결을 위한 타당하고 합리적인 가설을 세운 후 가설 검증의 방법으로 A/B 테스트를 활용해보자.

이벤트 트래킹과 구글 태그매니저

고객의 특정한 행동이 얼마나 많이 일어나는가를 관찰하는 데는 이벤트 트래킹이 쓰인다. 여기서 말하는 이벤트(Event)란 고객이 버튼을 클릭하고, 파일을 다운로드 받으며, 동영상을 시청하는 등 랜딩페이지와 상호 작용하는 것이다.

구글 애널리틱스의 일반적인 추적은 웹페이지 단위로 이뤄진다. 특정 페이지가 열렸는가 아닌가를 파악할 뿐 한 페이지 안에 들어 있는 여러 버튼 중 무엇을 클릭했는가를 파악하기는 어렵다. 각 버튼별로 클릭된 횟수를 파악하려면 별도의 이벤트 트래킹(Event Tracking) 설정이 필요하다.

이벤트 트래킹이 왜 필요한지 마소캠퍼스를 예로 들어 보자. 방문자는 마소캠퍼스의 첫 화면에서 링크를 클릭해서 디지털마케팅 강의 페이지로 이동했다. 이 사실은 구글 애널리틱스의 일반적인 웹페이지 로딩 추적으로 충분히 감지된다.

그러나 마소캠퍼스 첫 화면에는 강의 페이지로 이동하는 메뉴가 2개 있다. 위쪽 글로벌 메뉴바를 클릭하든, 화면 중앙의 '모집 중인 강의 보기'에서 이동하든 똑같은 페이지로 갈 수 있다. 그렇다면 고객은 무엇을 눌렀던 걸까? 방문자를 디지털마케팅 강의 페이지로 보내는 것보다 중요한 메뉴는 글로벌 메뉴바일까? 아니면 화면 중앙 바로가기일까?

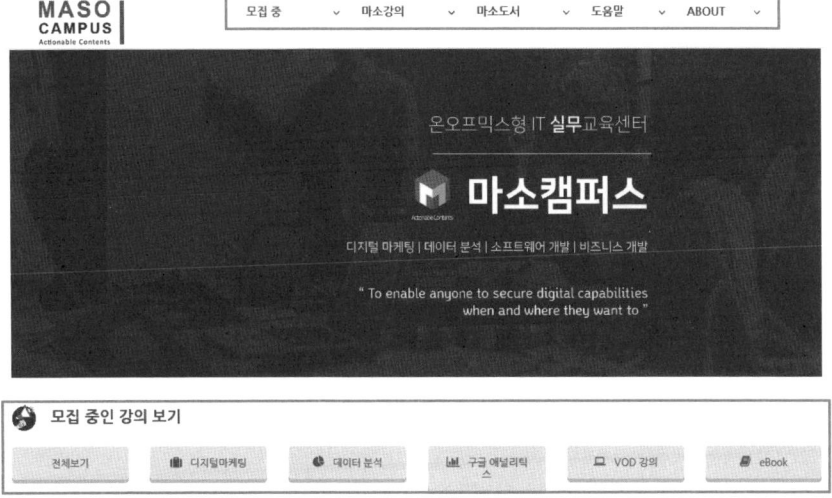

| 마소캠퍼스 첫화면에서 강의 신청 메뉴는 글로벌 메뉴바와 화면 중앙의 2군데 있다.

이벤트 트래킹은 이처럼 같은 페이지 안의 여러 요소에 대해 각각이 사용자와 상호 작용한 정도를 파악한다. 기업은 이벤트 트래킹 결과를 토대로 페이지의 여러 요소 중 무엇이 더 중요한 기능인지, 버튼의 모양이나 색상을 바꾸거나 문구를 고치는 등 성과 개선에 착수해야 할 필요가 있는 요소가 무엇인지 등을 검토할 수 있다.

방법은 매우 간단하다. 추적하기를 원하는 이벤트 요소(버튼, 링크, 동영상 등)에 이벤트 추적 코드를 달아주기만 하면 된다. 예를 들어 보자. 아래 그림처럼 구성된 마소캠퍼스의 데이터 분석 강의 소개 페이지에서 고객이 "구글 애널리틱스 실무 마스터" 배너를 클릭하는 이벤트를 추적하려 한다.

이 배너의 링크 태그에 이벤트 추적 코드를 다음과 같이 붙여 준다. 이벤트 추적 코드는 ga('send', 'event', 'category', 'action', 'label', 'value'); 의 형식이다. send와 event는 구글 애널리틱스의 고유 명령어이며, category와

인기 강좌

| 마소캠퍼스 데이터 분석 강의 소개 페이지의 3개 배너

action은 반드시 적어야 하는 요소이다. Label과 value는 생략 가능하다.

<a href="/구글애널리틱스강의"><img src="배너이미지"></a>

→ <a href="/구글애널리틱스강의"
onclick="ga('send','event','강의소개보기','배너클릭','상품=구글애널리틱스');"><img src="배너이미지"></a>

	필드	설명
필수	Category	추적하고자 하는 이벤트의 유형 예) 동영상, PDF 다운로드, 회원가입 등
	Action	추적하고자 하는 요소와 사용자가 상호작용할 때의 행동 예) 동영상 카테고리의 액션 – play, stop, pause 등
선택	Label	이벤트 데이터에 부가 정보를 덧붙인다. 첨부파일의 다운로드를 파악할 때 'label' 대신 file Title로 적으면 파일 제목이 자동 수집된다. 예) 동영상의 제목, 다운로드 경로, 파일 형식 등
	Value	사용자 이벤트에 대한 상수. 또는 다른 곳에서 정의된 변수의 값을 불러온다. 예) 동영상 재생 횟수, 다운로드 수, 동영상 재생 시간 등

| 이벤트 추적 코드의 입력 필드

관찰하고자 하는 요소에 이벤트 추적 코드를 달았다면 구글 애널리틱스의 View → 세그먼트에서 새로운 세그먼트를 만든다. Conditions를 원하는 event category, action, label, value로 선택하여 원하는 이벤트의 성과만 따로 떼어 자세히 파악할 수 있다.

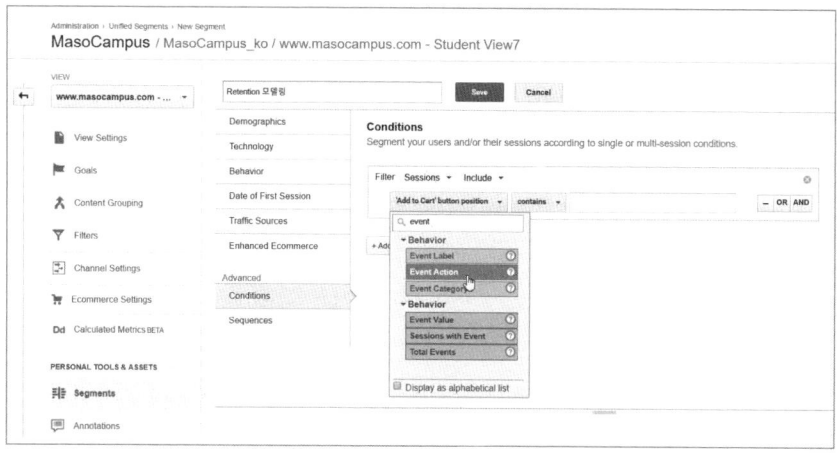

| 이벤트 정보를 바탕으로 세그먼트를 만들 수 있다.

어떤 이벤트가 발생하는 추세는 얼마든지 달라질 수 있다. 현재는 마소캠퍼스 첫 화면의 중앙 메뉴에서 강의 페이지로 이동하는 사람이 많지만, 시간이 지나면 상단 글로벌 메뉴의 활용도가 높아질 수도 있다. 가급적 고객들이 상단 메뉴바를 이용하도록 유도하는 메뉴 개선 작업을 하고 있다면 개선 작업이 올바른 방향으로 진행되고 있는지 가늠하기 위해 각 이벤트의 활성화 변화 추이를 관찰해야 한다. 이때는 위처럼 각 이벤트를 세그먼트로 만든 후 잠재고객 → 코호트 분석에서 세그먼트들의 성과를 분석할 수 있다.

| 이벤트 세그먼트의 코호트 분석은 고객 활성화 및 유지 작업에 큰 도움을 준다.

이벤트 트래킹은 각 요소의 성과를 속속들이 파악함으로써, 고객이 우리 웹사이트나 앱에서 어떤 행동을 보이는지, 무엇에 집중하고 어느 부분을 고칠지 등을 결정하게 해준다. 그러나 페이지를 구성하는 수많은 요소에 일일이 이벤트 추적 코드를 달고 관리하는 것은 몹시 힘들고 번거로운 일이다. 게다가 마케터가 직접 할 수 없고 개발자의 도움을 받아야 하는 상황이라면 코드를 넣다 뺐다 해달라는 다양한 실험 노력이 팀의 불화로 이어지기 십상이다. 이런 문제를 해결해주는 도구가 바로 구글 태그매니저(Google Tag Manager)이다.

구글 태그매니저(Google Tag Manager)[36]는 구글이 제공하는 무료 태그 관리 솔루션으로서 개발자의 도움 없이 마케터가 직접 웹사이트나 모바일 앱의 다양한 마케팅, 분석 도구의 추적 코드를 관리할 수 있게 도와준다. 단순히 통

---

36. marketingplatform.google.com/about/tag-manager/

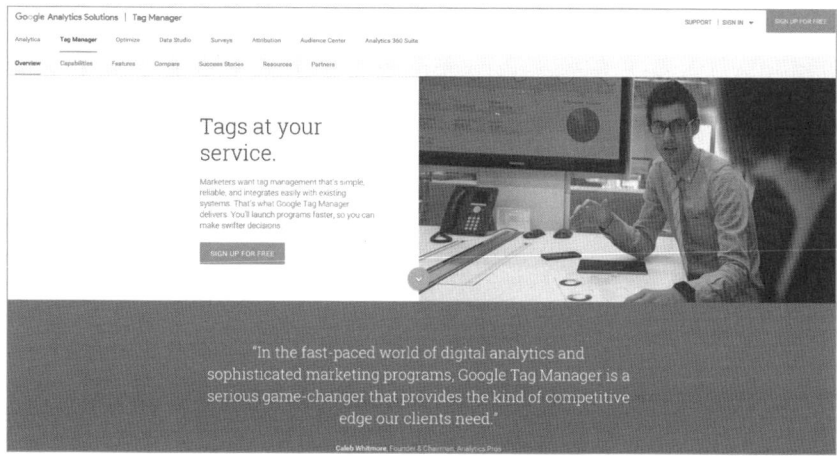

| 구글 태그매니저는 각종 추적 코드를 통합 관리하는 도구이다.

합 관리자로서의 편리성 외에도 많은 장점이 있어 태그매니저를 쓰는 기업이 점차 늘어나는 추세이다.

예를 들어 스크롤 깊이 추적(Scroll Depth Tagging) 기능은 사용자가 웹사이트에 들어와서 어떤 페이지를 어디까지 읽는지(스크롤을 어디까지 내렸는지) 알

| 태그매니저의 스크롤 깊이 트리거 설정 화면

아보는 데 활용된다. 이런 데이터를 토대로 각 콘텐츠를 어느 위치에 둘지, 페이지 길이를 어느 정도로 할지 등을 결정할 수 있다.

또한 태그매니저는 사용자가 클릭, 양식 제출 등의 행동을 했다는 사실을 감지하는 Event Listener Tag를 이용해 Data Layer 계층으로 상호작용 정보를 전달한다. 유튜브 동영상 이벤트를 추적한다거나 CRM(고객관리 플랫폼) 등 서로 다른 플랫폼 간의 데이터 교환을 가능케 하는 것이다. 다만 태그매니저의 이러한 장점을 활용하려면 자바 스크립트(java script)에 대한 지식이 필요하다.

○ **구글 태그매니저를 활용해서 태그를 관리할 때의 장점**
: Tag Manager를 활용하면 웹사이트 Tagging 없이 자동으로 이벤트 Tracking이 가능함

  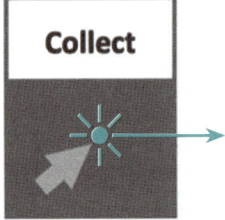

- Listen: 'Event Listener' Tag라고 불리는 새로운 형태의 Tag를 도입해서, 유저가 발생시키는 '클릭'이나 '폼' 제출 등과 같은 행동 발생 사실을 알 수 있음
- Capture: 'Event Listener' Tag가 유저가 발생시킨 행동을 알게되면, Capture는 Google Tag Manager Data Layer 계층으로 그 행동 정보를 전달함(유튜브 동영상 이벤트 추적 등에서 활용됨)
- Collect: 전달된 행동 정보는 자동으로 수집되고 분석됨

마케팅 메시지 – 1줄의 코딩도 없이 이러한 정보 전달이 이루어짐!

실전 활용 – 실제로는 중급 이상에서는 JavaScript 지식이 필요함

Referral 분석: 입소문 마케팅

GROWTH HACKING CHAPTER 05

Referral 분석: 입소문 마케팅

벨기에의 한 대학생이 물었다. "강아지에게 바지를 입힌다면 발을 몇 개 넣어야 할까?" 이 엉뚱한 호기심은 미국의 유명 잡지 맥심(MAXIM)의 편집자 제어드 켈러가 트위터에 공유하면서 전 세계를 뒤흔들었다.

○ 만약 강아지가 바지를 입는다면 어떤 모습일까?

| "강아지 바지는 4발을 끼워야 할까? 2발을 끼워야 할까?"

켈러의 질문은 30,000건 이상 리트윗되었고, 트위터를 넘어 페이스북으로, 벨기에에서 시작되어 미국을 거쳐 전 세계의 수백만 명이 참여하는 열띤 토론 주제가 되었다. 끝 모르던 논란은 캐나다의 애견용품업체인 Muddy Mutts가 강아지 바지를 판매한다는 사실이 알려지면서 일단락되었다.

| 전 세계 수백만 명이 Muddy Mutts의 강아지 바지에 관심 갖게 되었다.

　Muddy Mutts는 왜 강아지 바지를 4발 모두 끼우게 했는지 궁금해하는 사람들에게 이유를 설명해주었다. "강아지 바지의 모양이 우스꽝스러워 보일지 모르지만 바깥 산책 시 더러워진 강아지의 배와 다리를 씻기는데 지친 견주들에게 대단히 실용적인 제품"이라는 것. 미처 생각하지 못했던 합리적인 이유에 사람들은 대번 수긍했다. 그리고 실용성 만점인 Muddy Mutts의 강아지 바지는 순식간에 매진되었다. 당시 이 제품은 6가지 사이즈로 개당 69.99 캐나다 달러(약 6만 원)에 판매 중이었는데, 강아지 바지 논쟁 덕에 인기가 치솟는 바람에 모델 강아지가 입고 있던 바지까지 벗겨서 팔 지경이었다. Muddy Mutts의 매출은 단숨에 무려 2,800%나 뛰어올랐다.

바이럴루프 전략의 기본 방향

일상생활에서 사람들은 서로 많은 정보를 주고받는다. 오늘 아침 뉴스가 얼마나 놀랍고 흥미로웠는지, 지난 주말의 신나는 경험이나 새로 산 물건이 얼마나 편리한지, 엊그제 했던 게임이 얼마나 재미있는지, 윗집 사람이 밤에 쿵쿵거려서 잠 못 잔 이야기 등을 사람들과 공유(share)하고 싶어 한다.

강아지에게 바지 입힐 때 발을 2개 끼울지, 4개 끼울지를 놓고 수백만 명이 떠들다가 엉뚱하게 Muddy Mutts라는 회사가 대박을 냈다니 재미있지 않은가? 경험을 공유함으로써 다른 사람이 나와 동일한 감정을 느끼고 공감해 주기를 바라는 것은 누구에게나 잠재된 사회적 본능이다. 이 책의 저자로서 흥미로운 사례를 공유하고 싶은 나의 마음 덕에 여러분도 Muddy Mutts라는 회사가 4발짜리 강아지 바지를 팔고 있고, 그 바지는 산책 후 강아지 씻기기 귀찮은 사람들에게 몹시 실용적인 아이템이며, 6만 원 가량한다는 사실을 알게 되었다. 이제 여러분은 산책하는 강아지의 시커멓게 더러워진 배를 보면 Muddy Mutts의 강아지 바지를 떠올리게 될 것이다. 이렇듯 정보와 감정을 공유하고 싶어 하는 사람들의 본능적인 욕구는 추천(Referral) 전략의 뿌

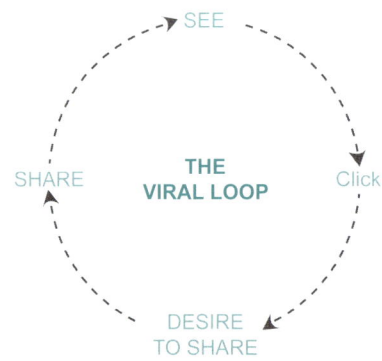

| 바이럴루프는 기존 고객의 공유를 통해 신규 고객이 획득되는 선순환 구조를 말한다.

리를 이룬다. 제품 및 서비스에 만족한 고객이 주변인에게 전파하고, 추천받은 사람이 새로운 고객이 되는 선순환, 이를 추천 전략의 핵심인 바이럴루프(Viral Loop)라 한다. Muddy Mutts 외에도 드랍박스의 Space Race 이벤트[37]나 네이버 밴드, 카카오톡 등 바이럴루프를 이용한 사례는 쉽게 찾을 수 있다.

바이럴루프의 효과를 좌우하는 요소를 바이럴계수(Viral Coefficient)라 한다. 바이럴계수를 한 마디로 정의하면 "기존 고객 1명이 데려오는 신규 고객의 수"이다. 예를 들어 친구 10명에게 초대를 보냈는데 3명이 응했다면 바이럴계수는 3이 된다. 즉 바이럴계수는 고객이 초대하는 친구의 수와 초대받은 사람이 응할 확률의 곱으로 나타낸다.

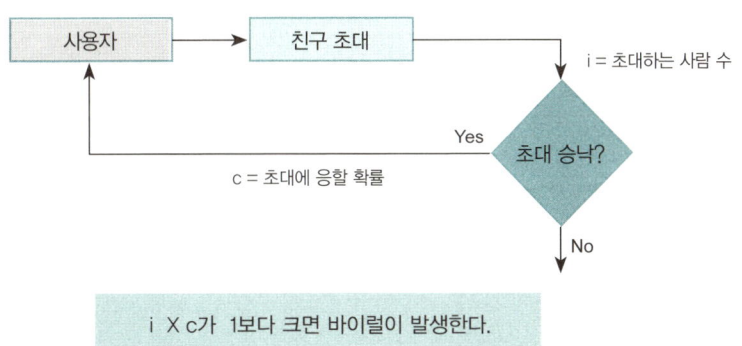

| 기존 고객이 초대한 친구가 늘거나 응낙률이 높아지면 바이럴계수도 높아진다.

---

37. 2. 그로스해킹 프레임워크의 Product-Market Fit 장 참고.

초기 사용자가 1,000명인 서비스를 예로 들어보자. 각 고객이 친구 10명씩 초대하여(i = 10), 1명이 응했다면 초대에 응할 확률은 10%가 된다.(c = 10%) 1,000명의 고객이 각각 1명씩 새로운 친구를 데려왔으므로 초기 사용자 1,000명과 새로 온 친구 1,000명을 합쳐 서비스의 이용자는 총 2,000명이 된다. 이때 바이럴계수(k)는 초대한 사람 수(i = 10)와 응답률(c = 10%)을 곱해 1이 된다. (k = i X c = 10명 x 10% = 1)

	k=1	k=0.5	k=1.5
period0	1,000	1,000	1,000
period1	2,000	1,500	2,500
period2	3,000	1,750	4,750
period3	4,000	1,875	8,125
period4	5,000	1,938	13,188
period5	6,000	1,969	20,781
period6	7,000	1,984	32,172
period7	8,000	1,992	49,258
period8	9,000	1,996	74,887
period9	10,000	1,998	113,330
period10	11,000	1,999	170,995
period11	12,000	2,000	257,493

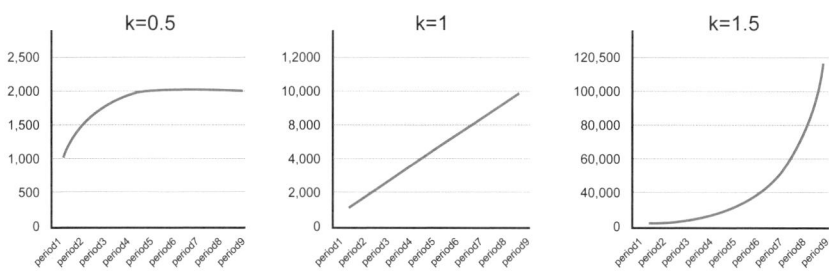

| 바이럴계수(k) 값에 따라 성장곡선이 달라진다.

바이럴계수와 친구 초대가 1회 진행되는데 걸리는 바이럴 감염 주기(Viral Cycle Time)가 얼마인가에 따라 바이럴루프의 효과는 매우 달라진다. 바이럴계수가 1보다 낮으면 감염이 반복될 때마다 새로 유입되는 고객이 적어져 로그함수 곡선(logarithmic curve)을 그리며 성장 정체가 일어난다. 바이럴계수가 1보다 크면 지수함수 곡선(exponential curve)을 그리며 서비스는 폭풍 성장할 수 있다. 바이럴계수를 1보다 크게 만들려면 기존 고객이 초대하는 친구의 수(i)를 늘리거나 초대에 응할 확률(c)을 높여야 한다.

초대받은 사람이 수락할 확률(c)은 여러 요인에 의해서 좌우된다. 초대한 사람과의 관계가 중요할 수도 있고, 때마침 필요했던 제품일 수도 있다. 바이럴 마케팅은 유료 광고와 달리 초대받을 사람을 기업이 타겟팅할 수 없기 때문에 수락률을 통제하기가 쉽지 않다. 수락 확률을 높이기 위해 "~한 친구 초청 이벤트" 등의 형태로 고객에게 목표 고객의 특성을 은연중에 알려 주는 것이 그나마 가능한 노력이다. 그나마 다행스러운 점은 제품 및 서비스가 Product-Market Fit 검증을 거쳐 확실한 상품이라면 기존 사용자도 적극적으로 초대하며 초대받은 사람이 기꺼이 응할 가능성이 높아진다는 것이다.

우리가 보통 말하는 바이럴 마케팅(Viral Marketing)은 기존 고객이 초대하는 수(i)를 늘리려는 노력으로 설명된다. 한마디로 더 많은 입소문이 필요하다. 이를 위해 에릭 리스는 바이럴 엔진(Engine of Viral)을 강조했다. 이용자가 제품 및 서비스를 만들 때부터 이를 사용하는 행동이 곧 입소문이 되도록 설계하라는 것이다. 그러나 마케팅 관리철학이 판매지향적 사고(The Selling Concept)[38]에 머물러 있는 현실의 많은 기업 실무자에게는 쉽지 않은 문제이다. 그런 경우에

---

38. 2장 그로스해킹 프레임워크의 Product-Market Fit 항목 참고.

는 일단 고객의 감정 또는 인센티브를 이용해 입소문을 일으키는 전략을 시도할 수 있다.

감정을 이용한 입소문 전략

유튜브(Youtube)를 이용한 Tippexperience사의 수정테이프 광고 "A hunter shoots a bear(사냥꾼이 곰을 총으로 쏘다)"를 본 적 있는가? 사냥꾼이 쉬는 텐트에 곰이 나타나자 깜짝 놀란 사냥꾼이 허겁지겁 총을 집어 들고 곰을 조준한다! 그러더니 갑자기 오른쪽 광고 배너에서 수정테이프를 집어 동영상 제목을 바꾼다. "사냥꾼이 곰을 사랑하다", "좋아하다", "함께 놀다", "싸우다", "함께 자다"하더니 급기야 "씻기다"까지 원하는 대로 제목을 수정하는 테이프의 위력을 보여 준다. 이 재미있는 광고는 입소문을 타고 무려

| Tippexperience의 수정테이프 광고 - youtu.be/nRVFelWdlfg

22,600,000회가 넘는 조회수를 기록했다. 덕분에 지금 이 책에도 실렸으니 여러분도 입소문을 듣는 사람이 되었다.

다른 사람에게 이야기를 전달하는 가장 강력한 동기는 감정이다. 우리는 사회적인 존재로서 기쁨, 슬픔, 두려움, 분노 등의 강렬한 감정을 느끼면 즉각적으로 타인과 감정을 공유하고 싶어 한다. 당장이라도 곰을 쏠 듯했던 사냥꾼이 갑자기 옆 칸의 수정테이프를 집어 드는 순간 느낀 황당함과 재미를 누군가에게 전하고 싶어 입이 근질거리는 게 인지상정이다. 지금 이 순간에도 수많은 광고는 "반전의 묘미"나 "B급 유머코드" 등을 이용해 대중의 강렬한 감정을 유발하고 입소문을 타게 하고자 최선을 다한다. 일단 성공하면 2018년 화제를 불러일으킨 '본격 LG 빡치게 하는 노래'처럼 수많은 UCC(User Created Contents)를 양산하며 바이럴에 성공할 수 있다.

| B급 유머로 입소문 제대로 탄 LG 빡치게 하는 노래 – youtu.be/zWW1ZaRPyuY

입소문을 노리는 많은 마케팅 콘텐츠가 재미와 흥미, 놀라움을 겨냥한다.

그러나 공유를 유도하는 감정은 여러 가지이다. Warton MBA의 조나 버거가 연구한 바에 의하면 경외심, 흥분, 즐거움, 분노, 불안함 등 사람을 각성시키는 감정들은 모두 입소문을 유발할 수 있다. Tippexperience의 수정테이프 광고처럼 엄청나게 기발하지 못해도, 본격 LG 빡치게 하는 노래처럼 배꼽 빠지게 웃기지 않아도 엄숙한 분노나 초조한 불안함, 누군가의 헌신과 노력에 대한 감탄도 바이럴 효과를 가져온다.

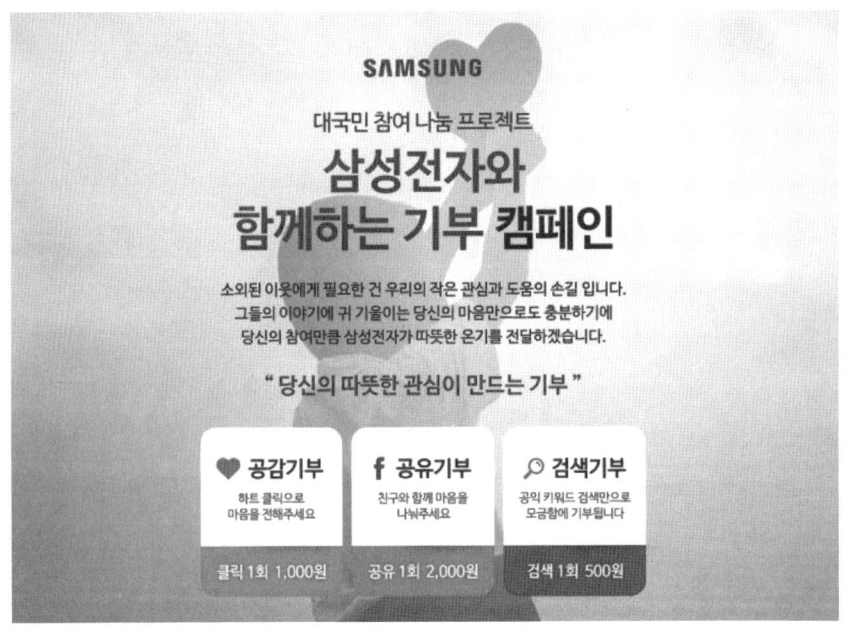

| 해피빈, shareandcare의 공유기부 등 가치에 대한 공감도 바이럴을 일으킨다.

감정을 이용한 입소문 전략이라 해서 말초 신경을 자극하는 강렬함을 떠올릴 필요는 없다. 콘텐츠로 소비자를 각성시킬 수도 있지만, 반대로 각성된 고객은 쉽게 감정을 느끼기도 한다. 고객이 각성할 수 있는 경험의 기회를 제공하면 더 쉽게 공유한다. 일상생활에서 연상시킬 단서가 많다거나, 대

상을 가리키는 쉬운 이름이 있다면 입소문이 좀 더 쉽게 난다. 우리가 막연히 알고 있던 다양한 바이럴의 조건을 와튼 스쿨의 조나 버거가 6가지로 정리하였다. 소셜화폐(Social currency), 계기(Triggers), 감성(Emotion), 대중성(Public), 실용적 가치(Practical Value), 이야기성(Stories)의 앞글자를 따서 STEPPS[39]라 이름 붙인 이 조건을 모두 갖추지는 않아도 된다. 그러나 STEPPS를 만족할수록 입소문 내기가 더욱더 쉬워진다.

공유 요인	내용	체크포인트
Social currency (소셜 화폐)	자기 이미지를 좋게 만들어 주는 것을 공유한다.	이 이야기가 화자의 이미지를 긍정적으로 만드는가? 내적 비범성이 있거나 소속감을 주는가? 게임 메커닉처럼 사회적 지위를 다른 사람이 알아볼 수 있도록 가시적인 표식을 얻거나 생성할 수 있는가?
Triggers (계기)	머릿속에 떠올라야 입 밖으로 이야기가 나온다.	주변 환경에서 연상할 계기가 자주 생기는가? 제품이나 아이디어를 떠올릴만한 단서가 뚜렷한가?
Emotion (감성)	마음을 움직이면 공유하려는 욕구가 생긴다.	제품이나 아이디어에 대해 얘기할 때 어떤 감정이 생기는가? (부정적인 감정도 좋다)
Public (대중성)	눈에 잘 띄는 것은 입소문이 나기 마련이다.	자체로 광고 효과가 있는 독특한 제품인가? 제품을 사용하는 모습이 대중에게 잘 노출되는가? 사용한 후에도 남아 있는 행동적 잔여가 있는가?
Practical value (실용적 가치)	유용한 정보.	이 이야기를 함으로써 타인을 도울 수 있는가? 정말 파격적이고 유리한 제안처럼 보이는가? 전달하기 쉽도록 정보가 간단명료하게 정리 제시되는가?
Stories (이야기성)	한담 속에 내재된 가치 있는 정보	공유하려는 메시지(제품, 아이디어)를 이야기의 중심부에 두어서 이를 생략하면 이야기가 전개될 수 없도록 구성되어 있나?

| STEPPS – 입소문 나는 제품, 서비스, 콘텐츠의 공통 요인

---

39. STEPPS에 대한 자세한 연구 결과는 [컨테이저스]–조나 버거(2013)을 참고하자.

인센티브를 이용한 입소문 전략

어니스트펀드는 몇만 원 단위의 소액 투자자를 모아 개인 간 대출이 일어나게 중개하는 P2P 대출 서비스이다. 이용자는 고유의 추천인 코드를 받는데, 신규 회원이 자신의 추천인 코드를 입력하고 투자에 참여하면 추천인과 신규 회원 모두 일정 금액 리워드 혜택을 받을 수 있다. 이 때문에 어니스트펀드 이용자는 블로그나 카페 등에 어니스트펀드를 소개하고, 투자 수익률을 인증하며, 서비스 이용법과 혜택을 자세히 소개한다. 심지어 마치 투자상담 사인양 네이버 지식인 등의 대출 문의에 어니스터펀드를 추천하는 적극적인 사용자들도 적지 않다.

| 어니스트펀드를 소개하며 추천인 코드를 입력해달라는 글을 심심찮게 볼 수 있다.

이처럼 제품 및 서비스를 친구에게 소개하는 고객에게 혜택을 부여하는

방식은 몹시 고전적이지만 오래된 만큼 검증된 방법이기도 하다. 식당이나 호텔 등에서 리뷰를 많이 남기는 사용자에게 "ELITE" 배지와 무료 시식 초대, 할인권 등의 특전을 부여했던 옐프(Yelp)의 성공 사례도 유명하다. 엘리트 뱃지 도입으로 옐프는 다양한 업체의 후기를 잔뜩 갖게 되었고, 식당이나 호텔 후기를 보러 옐프를 찾는 방문자가 월평균 1억 명이 넘었다. 독보적인 지위 덕분에 옐프의 배너 광고 수입도 압도적으로 높아졌다. 국내에서는 카닥이 옐프와 비슷한 방법으로 성공했다. 자동차 수리 서비스 이용 후 후기를 SNS나 블로그, 카페 등에 남기면 다양한 혜택을 제공한 것이다. 원목 침대 업체인 펀우드, 음식 배달 서비스인 우버이츠 등 헤아릴 수 없이 많은 기업이 소비자가 홍보에 참여하는 대가를 지불하는 방법을 쓰고 있다.

그러나 인센티브를 이용해 입소문 내는 전략이 항상 성공하지는 않는다. 제품 및 서비스의 본질 가치가 매우 뛰어남에도 불구하고 아직 인지도가 부

| 인센티브를 이용한 입소문 도구 중 하나인 텐핑

족하다면 성과를 기대할 수도 있다. 하지만 구글, 페이스북, 네이버 등 광고 플랫폼의 타겟팅이 정교해지면서 목표 고객에게 광고 메시지를 직접 전달하는 편이 더 효율적인 경우가 많아졌으므로 잘 판단해야 한다. 인센티브를 이용한 입소문 전략은 최근에는 목표 고객의 폐쇄적인 커뮤니티에 침투하기 위한 목적에 주로 활용되며, 텐핑, 애드픽, 0.8L 등 전문적인 입소문 중개 서비스도 활성화되어 있다.

인플루언서를 이용한 입소문 전략

여기 두 사람이 있다. 한 명은 흥청망청 쓰면서 급여 며칠 후부터 "월급 타면 갚을 테니 대신 좀 내줘" 소리가 입에 붙은 사람이고, 다른 한 명은 주말이면 부동산 현장을 실사 다니면서 매물 확인하는 게 취미인 재테크 커뮤니티의 운영자로서 들리는 소문에 의하면 부동산 투자로 가외 수입이 꽤 된다고 한다. 이 둘이 100명에게 똑같은 상가 투자를 권한다면, 권유받은 사람들의 승낙률은 어느 쪽이 높겠는가? 두말할 필요 없이 후자일 것이다.

바이럴계수(k)에서는 초대한 사람 수(i)만큼 초대받은 사람의 수락률(c)도 중요하다. 초대받은 사람이 수락할 확률(c)은 여러 요인에 의해서 좌우되는데, 가장 큰 영향을 미치는 것은 바로 "초대한 사람이 누구인가"이다. 초대한 사람의 추천(referral)을 신뢰할수록 초대에 응할 가능성이 커진다. 물론 신뢰의 이유는 다양하다. 초대자가 해당 분야에 풍부한 경험과 전문적인 지식이 있다고 믿어서일 수도, 초대자가 대중적 인지도가 높은 유명인이라거나 이미 그를 믿고 따르는 팔로워(follower)가 많기 때문일 수도 있다. 어떤 이유로든 다른 사람에게 정보나 의견을 제시함으로써 타인의 행동 또는 생각을 바꿀 수 있는 영향력을 가진 사람들을 인플루언서(influencer)라 부른다. 다시 말해 인플루언서는 일반인에 비해 초대할 수 있는 사람의 수가 많고, 초대받은 사람들이 응답할 확률도 높아 바이럴계수를 높이는 촉매 역할을 수행하기에 적절한 사람들이다.

인플루언서를 이용해 탁월한 성과를 낸 기업으로 타일(tyle.io)을 꼽을 수 있다. 타일은 카드뉴스나 동영상을 손쉽게 만들 수 있는 클라우드 기반의 디자인 플랫폼이다. 페이스북 마케팅이 부상하면서 카드뉴스를 원하는 수요가 늘었지만, 디자인 경험이 없는 사람들에게 포토샵이나 일러스트레이터의 텅 빈 백지는 부담스럽기 그지없었다. 타일은 이런 사람들을 위해 다양한 카드뉴스 기본 포맷을 제공한다. 약간의 사진과 문구만 수정하면 누구나 간단히 카드뉴스를 만들 수 있다.

타일은 소셜미디어용 카드뉴스나 동영상을 만들고 싶어 하는 사람들이 주로 마케터라는 점에 주목했다. 그렇다면 마케팅하는 사람들에게 타일을 알리고, 경험하게 해줄 인플루언서는 대체 누구일까? 타일은 가장 먼저 오픈애즈(openads.co.kr)처럼 마케팅 트렌드 분석, 교육 정보 등을 제공하는 회사들을 꼽았다. 오픈애즈에 걸린 배너를 클릭해 타일에 접속한 사용자는 가격을 20% 할인받을 수 있다. 오픈애즈로서는 사이트 방문자들에게 혜택을 주니 좋고, 타일은 오픈애즈의 첫 화면에 배너를 걸어 서비스를 알릴 수 있으니 이익이었다.

타일은 한발 더 나아가 마케팅 실무 교육자들을 인플루언서로 활용했다. SNS 마케팅이나 콘텐츠 마케팅을 배우려면 자연스레 카드뉴스가 언급된다. 이때 강사가 파워포인트나 포토샵 대신 누구나 손쉽게 카드뉴스를 만들 수

| 타일은 마케팅 정보를 다루는 제휴사에 추가 할인 권한을 제공했다.

있는 타일을 활용하라고 알려준다면 어떨까? 무료 사용권을 받은 마케팅 실무 강사들은 수업에 타일을 적극 활용했다. 더불어 제휴사 할인 혜택처럼 마케팅 강사도 수강생에게 가격 할인 쿠폰을 발행해줄 수 있었다. Canva, bannersnack 등 이미 유사한 서비스가 많았지만 타일은 제휴사와 마케팅 강사를 통한 바이럴 전략을 활용해 정확한 목표 고객에게 짧은 시간에 높은 인지도를 쌓게 되었다.

인플루언서를 활용한 입소문 전략은 인스타그램의 성장과 함께 점점 더 주목받고 있다. 쇼핑 태그와 크리에이터 태그가 등장하면서 인플루언서의 역할이 제품을 소개하는 수준을 넘어선 지 오래다. 기업이 공급하는 제품의 소매 판매를 담당하거나 거꾸로 인플루언서가 직접 제품 생산에 나서는 등 활동 범위를 넓히고 있다. 마치 마케팅 강사가 입소문을 퍼트릴 수강생들이 타일의 목표 고객과 일치하는 것처럼 화장품 회사에는 뷰티 인플루언서의 팔로워가 그렇다. 목표 고객에게 쉽게 접근하며 추천의 수락률을 높여줄 인플루언서 마케팅에 기업이 열 올리는 것은 당연하다.

| 인스타그램 쇼핑 태그와 크리에이터 태그의 등장으로 직접적 매출을 목표로 한 인플루언서 마케팅의 비중이 커지고 있다.

타일은 제휴사 할인 혜택이나 마케팅 강사에게는 타일을 무료로 제공하는 상호 호혜적 방식으로 입소문에 대한 대가를 지불했다. 서로의 이익이 맞아떨어지는 보기 드문 경우였다. 그러나 인플루언서를 통해 입소문을 내려는 대다수 기업은 단순히 제품을 제공하는 정도로는 인플루언서의 협력을 이끌어 내기가 어렵다. 유명 뷰티 인플루언서 이사배를 통해 제품을 알리고 싶어 하는 화장품 회사가 메이크업 제품 몇 개 보내면 그가 기꺼이 팔로워들에게

제품을 소개해줄까? 인플루언서를 통한 바이럴 마케팅은 상응하는 비용 지불이 시장 상례이다.

인플루언서의 영향력에 비용을 지불하려면 영향력을 측정하는 수단이 필요하다. 많은 기업이 채널 구독자 수, 팔로워 수를 기준으로 삼곤 하지만 좋은 방법은 아니다. 영향력을 가진 사람(influencer)이라는 명칭에서도 드러나듯이 인플루언서의 핵심은 초대받은 사람의 수락률(c)에 있다. 팔로워 수를 기준으로 인플루언서를 평가하는 것은 초대하는 사람 수(i)를 기준으로 삼는 것에 불과하다. 그러므로 인플루언서를 이용한 입소문 전략에는 올바른 성과 추적이 필요하다. 고객이 누구의 추천으로 유입되었는지 확인하고, 어떤 인플루언서의 추천을 받은 고객이 더 높은 전환율을 보이는지 파악하여야 합당한 보상이 가능하기 때문이다. 이를 위해 인스타그램 인플루언서를 통한

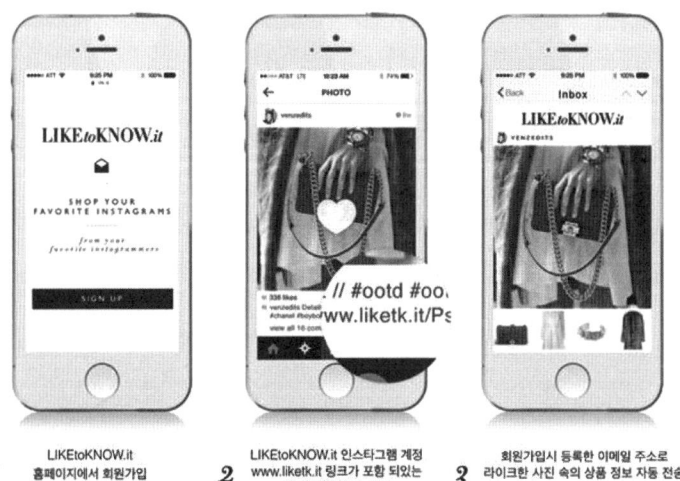

| 인플루언서 성과 측정을 위해 한때 유행했던 LIKEtoKNOW.it

전환을 파악하기 위해 LIKEtoKNOW.it 등 복잡한 서비스가 난립하던 때도 있었다.

복잡한 서비스들을 헤맬 필요 없이 구글 애널리틱스를 이용하면 간단히 해결할 수 있다. 랜딩페이지 유입 링크에 인플루언서 관련 UTM 태그를 붙여 주면 구글 애널리틱스가 자동으로 성과를 추적하고 식별해주기 때문이다.[40] Medium을 인플루언서의 그룹으로, content를 구체적인 인플루언서 이름으로 설정하면 된다.

○ Social Influencer Tracking

: 운영하는 Social Influencer를 캠페인 태그를 활용해서 관리
: 이렇게 해주는 이유는 구글 애널리틱스가 해당 Social Influencer의 성과를 추적하고 식별할 수 있도록 함

http://itmagnet.co.kr/article-mobile-marketing-strategy4/?utm_source=naver&utm_medium=power-fb&utm_campaign=C001

utm_source(필수)
- 마케팅 캠페인 매체 소스 식별에 사용
- 예) Naver, Google이나 뉴스레터 등

utm_medium(필수)
- 활용하는 인플루언서 채널 그룹에 사용
- power-fb, power-blog, power-twitter

utm_campaign(필수)
- 진행중인 캠페인 식별에 사용
- 예) 의류 1차 프로모션

utm_content(선택)
- 협업하는 소셜 인플루언서 식별에 사용
- 예) 서울언니, 단편소설 등

utm_term(선택)
- 진행중인 유료 키워드

| 인플루언서 성과 추적을 위한 UTM 태그 설정

---

40. 3. Acquisition 분석의 Message-Market Fit 항목의 UTM 태그에 대한 설명 참고.

예를 들어 예쁘다 화장품 회사가 인스타그램의 인플루언서 김마소를 통해 촉촉스킨을 알리고 싶다면 다음과 같은 식으로 추적 URL을 김마소가 배포 케 하면 된다. 만약 URL이 너무 길어 번거롭다면 bit.ly, ow.ly, TinyURL, 3.ly, me2.do 등을 이용해 짧게 줄일 수 있다.

www.예쁘다화장품.com/촉촉스킨판매페이지?utm_source=인스타그램&utm_medium=인스타인플루언서그룹&utm_content=김마소&utm_campaign=촉촉스킨바이럴마케팅

바이럴 요소의 내재화 전략

코카콜라의 "Share a Coke 1,000 Name Celebration"이 2018년 부산국제광고제 그랑프리를 수상했다. 이 광고에 앞서 코카콜라는 #Share a Coke캠페인을 벌였다. 코카콜라 병에 무작위로 "Jane", "Tony", "David" 등 있을

| @Nora!! 냉장고에서 콜라 꺼내다가 네 이름을 발견했어! #shareacoke

법한 사람 이름을 새겨 넣은 것이다. 콜라를 마시려다 병에서 친구 이름을 발견하면 자연스레 그 사람을 떠올리고 재미있는 경험을 나누게 된다. '왜 내 이름은 찾을 수 없지?', '매튜, 콜라를 보고 문득 너 잘 지내는지 궁금해졌어', '작년에 돌아가신 제인 할머니가 그립다' 등 다양한 사연이 엄청난 입소문을 일으켰다. #Share a Coke는 웰빙(well-being) 열풍으로 무려 11년 동안 매출 하락의 늪에서 허우적대던 코카콜라를 단숨에 구원해냈다.

코카콜라는 #Shareacoke 캠페인을 더 발전시켰다. 자동판매기에 터치스크린을 달아서 고객이 직접 이름을 입력할 수 있게 한 것이다. 내 이름을, 또는 내 친구 이름을 직접 프린트한 콜라캔을 갖고 싶은 사람들이 자판기가 있는 곳을 찾아 헤매면서 코카콜라는 더 특별해졌다. 수많은 음료 중 꼭 코카콜라를 마셔야 할 이유가 생기고, 상대방의 이름이 적힌 캔을 건네는 특별한 경험이 가능해진 것이다.

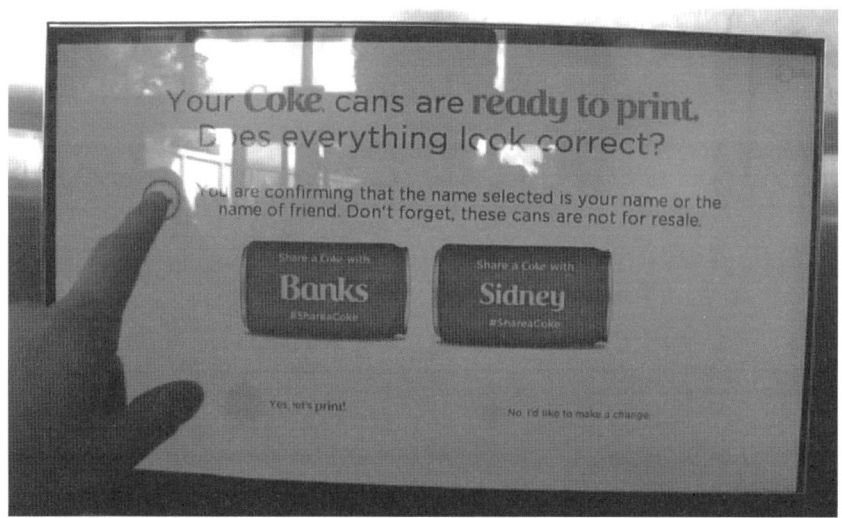

| 동전을 넣고 이름을 입력하면 바로 새겨져 나오는 Share a Coke 자판기

캠페인은 여기서 멈추지 않았다. 이번에는 코카콜라 홈페이지에 사람들이 남긴 이름으로 노래를 지어 불러주기 시작한 것이다. 내 이름을 불러주는 코카콜라의 노래를 라디오에서 듣는다면? 엄청나게 신나는 경험이다! 자신의 이름이 들어간 노래를 들은 사람들은 앞다투어 온라인에 노래를 공유했다. 덕분에 #Shareacoke 캠페인은 세간의 관심을 받으며 더욱더 유명해졌다. 드디어 2018년 1,000개의 이름을 담은 1,000개의 노래를 지었음을 기념하는 광고가 송출되었다. 내 이름을 담은 노래보다 더 개인화된, 관심을 불러일으키는, 호감을 갖게 되고, 행복하게 만드는 것이 세상에 얼마나 있을까? 이름을 담은 콜라병과 노래가 갖는 바이럴 효과는 다시 한번 코카콜라를 왕좌에 올려 주었다.

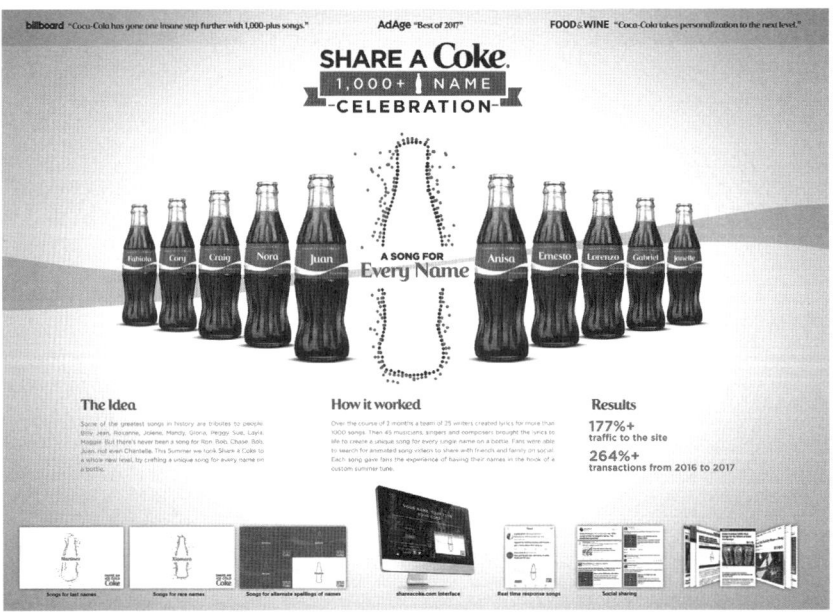

| 모든 이름을 위한 노래, 드디어 1,000개의 이름을 부르다.

친구 이름이 적힌 콜라를 찾았을 때, 내 이름이 담긴 노래를 들었을 때 사람들은 다른 사람에게 알리고 싶어한다. 그런데 콜라처럼 물리적 실체가 없거나 라디오에서 들은 노래를 다운 받기가 어렵다면 공유하고 싶은 마음이 금세 사그라들고 말 것이다. 바이럴루프를 만들려면 공유하고 싶은 마음을 불러일으키는 것만큼 쉽게 공유할 수 있는 장치를 추가하는 것도 중요하다. 가장 좋은 방법은 고객이 제품 및 서비스를 사용하는 행동이 곧 공유하기가 되는 것이다. Sidney가 "Sidney"라고 써있는 콜라를 마시고, Tony의 전화 벨소리로 "Tony"의 이름이 담긴 Share a Coke 노래를 듣는 자체가 곧 바이럴마케팅이다. 이처럼 제품 및 서비스가 쉽게 공유할 수 있도록 설계된 것을 가리켜 바이럴 요소의 내재화(Viral Internalization)라 한다.

바이럴 요소를 설계에 포함한 제품은 게임 분야에서 많이 볼 수 있다. 가장 대표적인 예가 지금도 전설로 남은 애니팡이다. 애니팡 게임을 하려면 게임에 접속한 동안 8분마다 1개씩 만들어지는 "하트"가 필요하다. 하트를 더 얻으려면 유료 구매하거나 친구를 애니팡의 신규 사용자로 끌어들여야 했

| 하트 날리기로 바이럴 내재화의 대표 사례가 된 애니팡

다. 8분마다 1개씩 생기는 하트로는 정상적으로 게임할 수 없었기 때문에 너도나도 "하트 구걸"에 나섰고, 하트 구걸이라는 전용 앱도 등장했다. 처음부터 바이럴 요소를 내재화해 만들었던 애니팡의 바이럴루프는 순항했고, 엄청난 열풍을 몰고 왔다.

애니팡처럼 제품의 핵심을 차지하지 않더라도 바이럴 요소를 내재화하는 것이 가능하다. 예를 들어 Funrun은 게임 장면을 gif 파일로 캡쳐하는 기능을 넣고, 게임에 방해받지 않으면서 캡쳐 화면을 미리 볼 수 있도록 인터페이스를 조정했다. 더불어 플레이어가 성취를 이룰 때 원하는 소셜미디어에 "Get on my level, son! (레벨 올려라 꼬맹아)" 등 상황이나 기분을 캡쳐한 이미지와 함께 쉽게 올릴 수 있는 재미있는 문구 등도 지원했다. 덕분에 트위

터나 페이스북 등에서 펀런 인증샷을 쉽게 볼 수 있었으며, 친구 중 누군가가 펀런을 시작하면 그 게임을 모르는 게 불가능할 지경이었다.

이처럼 바이럴 요소를 내재화할 때는 몇 가지 기억할 점이 있다. 첫째로 SNS 계정을 통한 로그인을 유도해야 한다. 사용자가 누군가에게 제품을 추천할 때 통로는 대개 소셜미디어(페이스북, 카카오톡, 네이버, 인스타그램, 트위터, 텔레그램 등)이다. 공유하고 싶은 감정을 느끼는 순간 행동에 옮기려면 SNS 로그인된 편이 훨씬 유리하다. 둘째로 공유하기 위한 행동이 단 한 번의 클릭으로 가능해야 한다. 마지막으로 고객이 메시지를 공유하는 순간 제품 및 서비스에 대한 간단한 소개와 알맞은 랜딩페이지로 바로 이동할 수 있는 링크가 따라붙어야 한다.

만약 특정 웹페이지의 URL을 퍼트리고자 한다면 소셜 락커(Social Locker)를 유용하게 활용할 수 있다. 소셜 락커란 유용한 팁이나 할인 쿠폰, 퀴즈의 정답처럼 웹페이지의 특정 부분을 락커로 가렸다가 사용자가 공유하면 보여주는 장치이다.

| 소셜 락커 – 마소캠퍼스 강좌 소개 페이지를 공유하면 숨겨진 쿠폰 코드를 볼 수 있다.

소셜 락커와 비슷한 추천 전략을 활용한 예로 와디즈가 있다. 크라우드 펀딩 플랫폼인 와디즈에는 "지지서명"이 있다. 지지서명이란 직접 펀딩에 참여하지 않더라도 해당 펀딩 소식을 페이스북에 공유해 널리 알리는 기능이다. 지지서명 참여자가 많아지면 메이커의 펀딩 프로젝트도 널리 알려지지만, 와디즈도 회원이 늘어나고 더 많은 펀딩수수료를 벌어들일 가능성이 커지는 일석이조의 제도였다.

| 와디즈 지지서명 기능으로 메이커의 펀딩과 와디즈를 동시에 알리는 데 성공했다.

와디즈의 인지도가 낮던 초기에는 펀딩을 주최하는 메이커도, 펀딩에 참여하는 서포터도 많지 않았다. 사람들을 끌어들이기 위해 와디즈는 지지서명 건수에 따라 펀딩 수수료를 할인해주는 정책을 썼다. 와디즈의 기본 수수료율은 10%였으나 지지서명을 4,000건 이상 받으면 수수료가 0%까지 낮출 수 있었다. 실제로 고려대학교 앞 명물이었던 영철버거를 되살리기 위해 고려대 학생회가 추진한 "비긴어게인 영철버거" 크라우드 펀딩이 2,579명의 지지서명을 받으며 펀딩수수료를 대폭 감면받았다. 와디즈를 통해 진행된 이 프로젝트는 언론의 주목을 받았고 덕분에 와디즈도 대표적인 크라우드

펀딩 서비스로 자리 잡았다.

| 수수료를 줄이려던 메이커의 노력이 와디즈에게도 득이 된 영철버거 펀딩 프로젝트

바이럴 요소의 내재화는 단순히 Product Selling Concept[41] 하에서는 나타나기 어렵다. 제품 및 서비스의 설계 단계부터 추천이 쉽게 일어나도록 유도하는 장치가 포함되어야 하기 때문이다. 이를 위해 최근에는 바이럴루프가 쉽게 만들어지도록 추천 전략과 브랜드 마케팅(Brand Marketing)을 결합시키는 추세이다. Product-Market Fit의 검증 단계에서 확인된 잠재고객의 행동 및 선호도를 파악하고 브랜드의 정체성과 목소리를 하나로 묶어 제품이 특정 고객집단을 표상(symbol)하도록 유도하는 것이다. 소비자 한 명 한 명이 확성기를 잡고 웬만한 언론매체만큼 빠른 속도로 메시지를 확산시킬 수 있는 시대

---

41. 2. 그로스해킹 프레임워크의 Product-Market Fit 항목 참고

이다. 제품이 우리 집단의 정체성을 표현한다고 판단하는 순간 해당 고객군에게 매우 빠른 속도로 바이럴루프가 형성될 수 있다. 제품을 통해 집단 정체성(identity)를 표현하고자 하는 욕구가 강한 세태에 발맞춘 것이다.

| 에어팟2가 검정색이 아니라 흰색이라니! 똑같아 보이면 표상이 될 수 없다.

과거의 바이럴루프가 초대하는 사람의 수를 높이는 데 집중했다면 최근의 흐름은 세분화된 고객집단을 겨냥함으로써 초대에 대한 수락률을 높이는 데 더 큰 관심을 기울이고 있다. 이러한 흐름을 반영하여 많은 브랜드가 목표 고객의 성향을 곧 브랜드의 정체성으로 정의하고 간단한 선, 도형, 색채 패턴만으로도 쉽게 해당 브랜드를 느낄 수 있는 장치를 강화하고 있다. 폰트를 개발해 배포하는 현대카드, 야놀자, 넷마블, 배달의민족 등의 타이포그라피 마케팅이나 캐릭터를 앞세우는 카카오, 네이버 등의 마케팅, 플랫(flat) 디자인과 색상 패턴을 활용하는 구글, 이베이, 마스터카드, 마이크로소프트,

스타벅스, 캐치프레이즈를 활용하는 나이키 등이 모두 같은 맥락의 추천 전략을 활용하고 있다.

| Airbnb도 로고를 단순화하여 여행객이 공유 가능한 모든 것에 등장시키려 노력 중이다.

추천 분석을 위한 다면적 소셜 분석 도구

최근의 바이럴마케팅은 불특정다수가 아닌 수락 가능성 높은 세분화된 고객군을 타겟팅하면서 잠재고객의 온라인상 행동과 관심사 등에 대한 다차원적인 정보가 필요해지고 있다. 안타깝게도 이 책에서 고객 획득과 활성화, 유지, 매출 분석에서 주로 활용하는 구글 애널리틱스는 매우 유용한 분석 도구이지만 기존 고객이 새로운 사용자에게 제품과 서비스에 대해 알리는 추천(referral) 상황을 분석하기에는 적합하지 않다. 웹사이트/모바일 앱에 추적 코드를 삽입해 얻은 데이터를 토대로 하기 때문이다. 구글 애널리틱스로는 UTM파라미터를 이용해 개별 인플루언서, 개별 캠페인에 다른 URL을 부여함으로써 추천의 최종 결과로 유입된 신규 방문자들이 어떤 사람의 추천 받았는지만 대략 확인할 수 있을 뿐, 우리 웹사이트에 접속하기 전에 바깥에서 이뤄지는 커뮤니케이션을 알아내기란 불가능에 가깝다. 그래서 특정 분야의 인플루언서를 찾거나 특정 주제에 대해 사람들이 느끼는 감정을 파악하고, 우리 제품이 어떻게 바이럴되고 있는지 파악하기 위해 다양한 소셜 분석(Social Analytics) 도구를 활용한다.

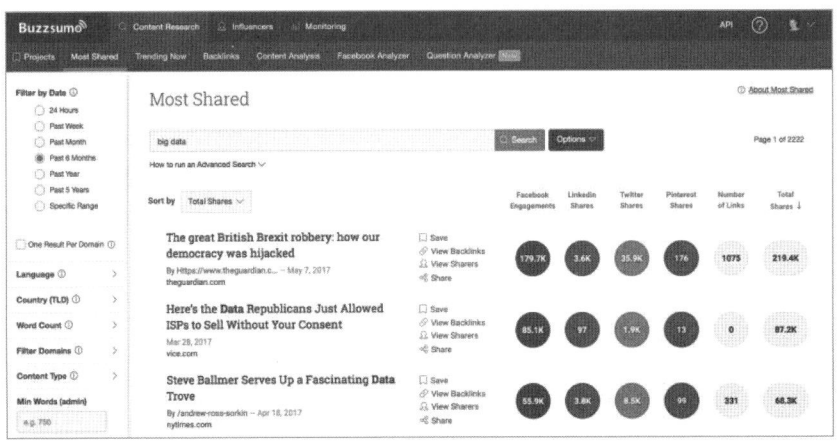

| Buzzsumo(buzzsumo.com)

버즈수모는 소셜미디어에서 가장 인기있는 게시물을 연구하고 역설계하도록 도와주는 도구이다. 인기 블로그의 게시물을 분석함으로써 대중적인 관심사와 콘텐츠 트렌드를 알 수 있다. 관심 키워드와 필터(언어, 시간, 국가, 포맷, 글자수 등)를 설정하면 소셜미디어의 인기 게시물을 저장, 공유, 링크 등을 한 사용자 목록을 제공한다. 잠재고객이 관심 갖는 주제와 콘텐츠

에 대해 알아볼 때 활용 할 수 있는 소셜 분석 도구이다.

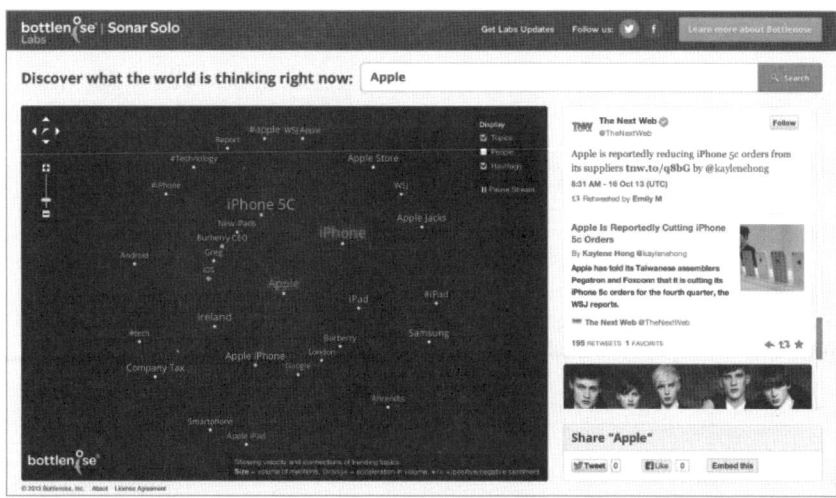

| Bottlenose(bottlenose.com)

흔히 키워드 리서치는 검색엔진 기반으로 생각하지만 소셜미디어 키워드를 고려하면 훨씬 더 민첩하게 사용자의 관심사에 반응할 수 있다. 보틀노즈는 소셜미디어에서 관심받는 키워드를 가려낼 수 있게 해주는 도구이다. 소셜미디어에서 언급되는 키워드와 해시태그를 검색해 함께 언급되는 단어의 네트워크를 제시해준다. 보틀노즈를 사용하면 집중해야 할 키워드와 주제를 검색할 수 있고, 특정 키워드를 많이 언급하는 잠재고객에 대한 통찰력도 얻을 수 있다. 국내에는 보틀노즈와 비슷한 서비스로 다음소프트가 제공하는 SOMETREND가 있다.

소비자의 걱정과 불만, 어려움을 모니터링할 수 있는 독특한 도구도 있다. FAQ Fox는 특정 커뮤니티에 올라오는 질문을 식별해 정리한다. 잠재고객이 참여하는 온라인 커뮤니티의 URL을 설정한 후 기업이 알아보고자 하는 관

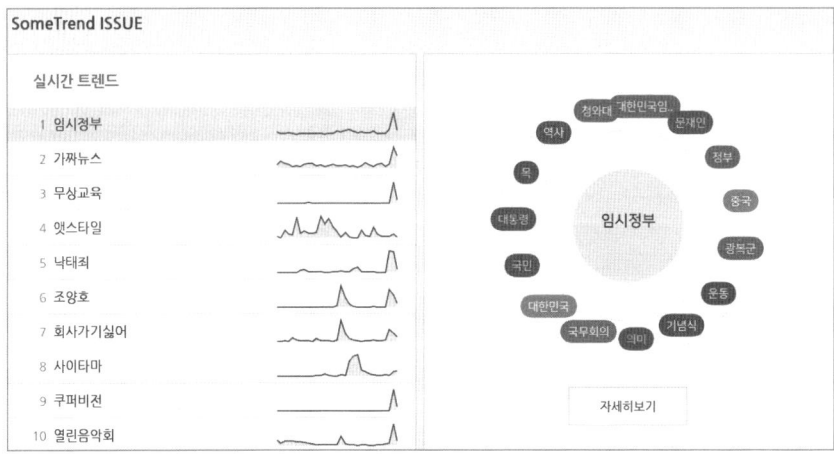

| 국내 트렌드를 주로 다루는 SOMETREND (www.some.co.kr)

심 키워드로 검색하면 해당 키워드에 대해 사람들이 어떤 질문을 하고, 어떤 대답이 오가는지 회원들의 대화를 정리해 보여 준다.

| FAQ Fox(webfx.com/seo-tools/faqfox/)

랭크클라우드는 사용자의 서비스 사용 및 소셜 활동을 추적하여 이들이 누구이며, 관심사가 무엇인지 등에 대한 소셜행동 분석결과를 제공하고 유저 타겟팅을 지원하는 서비스이다. 특정인의 소셜영향력을 측정하여 인플루언서 및 슈퍼커넥터(super connector)의 랭킹을 제공할 뿐만 아니라 특정 페이지와 밀접하게 상호 작용하는 잠재고객을 파악할 수 있다. 고객을 세분화하기 쉽도록 소셜 행동 유형도 제시한다.

| 랭크 클라우드 (www.rank-cloud.com/home.do/)

크롬 확장 플러그인인 소셜 애널리틱스(Social Analytics)도 쓸만하다. 이 플러그인은 웹사이트에서 바이럴 유도의 목표가 되는 랜딩페이지 URL이 주요 소셜 미디어상에서 어떤 성과를 내고 있는지를 가시적으로 정리해 제공한다. 목표 랜딩페이지에 대한 소셜 참여도 상황을 한눈에 알 수 있기에 보다 민첩한 대응을 할 수 있다.

소셜영향력을 보여주는 팔로워나 좋아요 수를 곧이곧대로 믿을 수는 없다. 실제로 유튜브 구독자 100명에 17,000원, 인스타그램 좋아요 3,000개에 10만 원 정도로 거래가 횡행한다. 2014년 6.4 지방선거에서 경기도지사 후보가 페이스북에서 받은 '좋아요' 13,917개 중 무려 92.3%에 달하

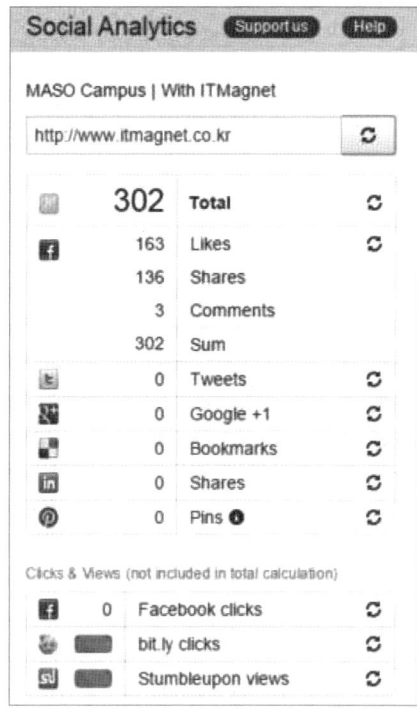
| 소셜 애널리틱스 크롬 플러그인

는 13,002개가, 그 외 상당수 정치인이 받은 좋아요의 80%가량이 터키에서 이뤄졌다는 사실이 알려져 세간의 화제가 되기도 했다. 이때 좋아요의 출처를 확인하는데 이용된 도구가 바로 팬페이지 카르마이다.

팬페이지 카르마는 소셜미디어 활동을 분석하는 소셜 분석 도구로서 팬이 어디에서 유입되는지, 팬의 현재 활동이나 게시물을 추적하고, 다양한 소셜미디어 계정을 비교 분석함으로써 경쟁자와 성과를 비교하거나 벤치마킹하는 기능 등을 제공한다.

클립폴리오는 여러 소셜미디어 채널의 정보를 종합하고, 시각화하며, 서로 다른 분석도구들과 연결하는 통합관리자로 많이 쓰인다. 단순히 정보를 취합하는 수준을 넘어 퍼널로 시각화하거나 수식을 추가하는 등 활용도가 높은 유용한 도구이다.

소개한 도구들과 유사한 국내 서비스로 매직테이블(www.magictbl.com/), 빅풋9(bigfoot9.com), 뷰저블(www.beasable.net), 건돌이닷컴(www.gundolle.com), 아드리엘(Adriel.ai), 티버즈(www.tibuzz.co.kr) 등이 있다.

| 팬페이지 카르마(www.fanpagekarma.com/)

| 클립폴리오(www.klipfolio.com)

GROWTH HACKING
CHAPTER 06

Revenue 분석: 매출 증대

— CHAPTER —
06

Revenue 분석:
매출 증대

사업의 목표는 이윤 창출이다. 그로스해킹도 마찬가지다. 매출(Revenue)은 AARRR의 마지막 단계이지만, 사실상 목표이자 결과이다. 더 많은 고객을 유입시키고(Acquisition), 제품과 서비스의 핵심 기능을 경험하게 하며(Activation), 단골 고객으로 유지하면서(Retention), 이들을 통해 입소문을 내고 새로운 고객을 끌어들이는(Referral) 일련의 활동은 궁극적으로 기업이 더 많은 매출을 일으키고 수익을 얻기 위한 사업 성장 사이클이라 할 수 있다.

기업은 고객을 끌어모으고 활성화 및 유지시켜 전환에 이르기까지의 전 과정을 유기적으로 관리해야 한다. 고객에게 제품 및 서비스를 처음 알리는 마케팅 메시지의 제목부터 랜딩페이지의 모양, 행동 유도 버튼, 상품의 장점을 보여주는 설명 화면 등 모든 것이 대상이다. 고객이 지나치는 모든 길목에서 수익화에 방해가 되는 요소를 파악하면 다양한 개선안을 도출한다. 어떤 가설이 더 효과적일지 A/B 테스트와 같은 실험을 거듭하며, 때로는 Product-Market Fit에서 벗어나 있다고 판단되면 제품에 대한 피벗팅(Pivoting)을 감행하기도 한다. 이 모든 과정은 데이터 분석과 기술에 기반한 창의적 아이디어로 실험실을 벗어나 시장에 실재하는 고객들의 디지털 연결망을 무대로 진행된다.

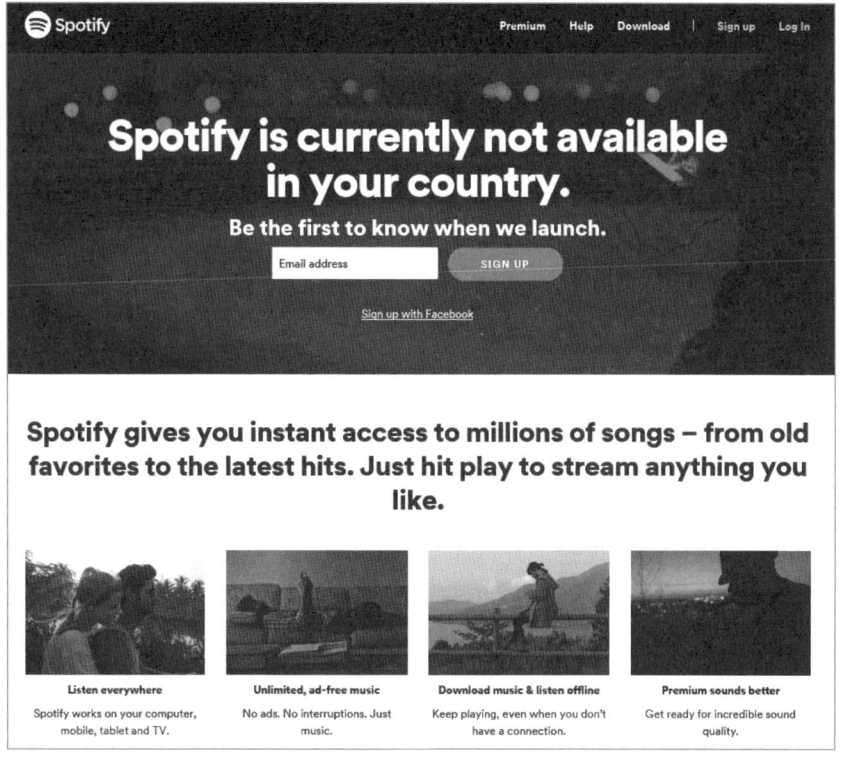

| 세계 최대 음악 스트리밍 서비스인 Spotify

    여러 국가에서 다양한 언어로 오디오 스트리밍 서비스를 제공하는 스포티파이(www.spotify.com)라는 회사가 있다. 이용자 데이터를 검토하던 스포티파이는 독일에서 가장 많이 스트리밍된 콘텐츠는 노래가 아니라 책을 읽어주는 오디오북임을 알게 되었다. 스포티파이는 오디오북을 듣고자 하는 사람들에게 클립을 일일이 구매하는 것 보다 스포티파이의 월정액 서비스 이용료가 더 저렴하다는 사실을 알려 주면 기꺼이 프리미엄 결제를 할 것이라는 가설을 세웠다. 이를 확인하기 위해 구글 애즈(google ads)로 '오디오북'을 탐색하는 사람들을 타겟팅해 A/B 테스트를 위한 집중 광고를 펼쳤다. 광고를 클릭한 사람들은 구글 옵티마이즈(google optimize)로 만들어진 2개의 랜딩페이지 중 하

나로 무작위 유입되었다. 방문자 중 절반은 스포티파이 표준 페이지로, 나머지는 프리미엄 회원에 가입하면 스포티파이가 보유한 수많은 오디오 북클립을 손쉽게 들을 수 있으며 도서 구매 비용 대비 가성비가 높다는 메시지를 담은 맞춤형 랜딩페이지로 이동시켰다. 실험 결과 맞춤형 랜딩페이지로 유입된 고객은 표준 페이지보다 24% 많이 프리미엄 구독 서비스에 가입한 것으로 나타났다. 스포티파이는 독일에서의 결과를 나머지 국가에 확대 적용하여 매출 향상을 꾀할 수 있었다.

이처럼 잠재 고객의 데이터를 바탕으로 더 많은 수익을 올릴 가설을 세우고, 시장에서 작은 규모로 실험하고 결과를 측정 분석하여 개선하는 사이클이 끝없이 반복되면서 창출되는 실질적 가치가 바로 기업의 매출이다. 그러므로 AARRR의 마지막 R은 나머지 A, R과 떨어트려 생각할 수 없다.

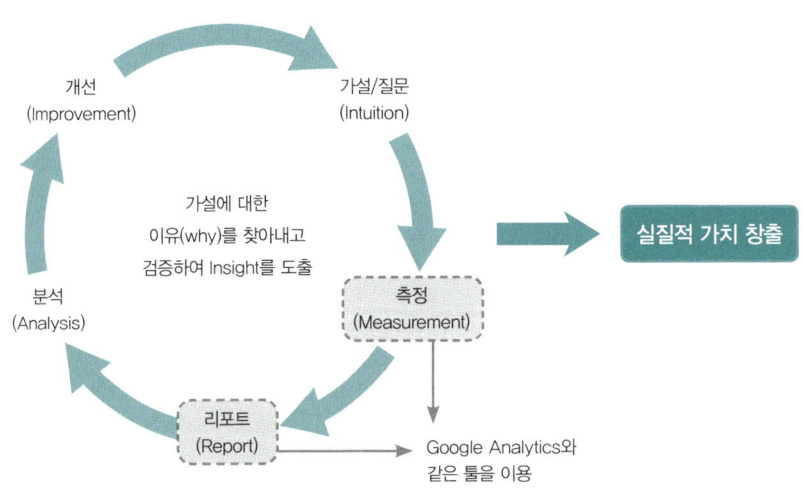

| Revenue는 AARRR의 목표이자 결과이다.

매출 증대 전략의 기본 방향

그로스해킹을 위한 매출 분석(Revenue Analysis)은 고객 획득부터 전환에 이르기까지 매출 증대의 발목을 잡는 부분을 개선해내고, 단계를 간소화하며, 미처 수익화하지 못하였으나 수익이 발생할 가능성이 숨어 있는 요소를 찾아내는 등 고객의 여정을 총체적으로 검토한다. 고객 획득이나 활성화, 고객 유지, 추천의 어느 한 단계만 뛰어나고 나머지가 원활히 돌아가지 못한다면 궁극적으로 매출을 일으키기는 어렵다. 또 각각 잘 진행되어도 수익 발생까지의 과정이 너무 길거나 각 단계가 충돌을 일으킬 수도 있다. 매출 분석 단계에서는 기업의 모든 활동이 고객을 전환으로 이끌도록 유기적으로 맞물려 돌아가게 하는 것이 중요하다. 구체적으로 정리하면 다음 4가지 방향의 전략이 수립되어야 한다.

첫 번째는 고객 획득비용(CAC: Customer Acquisition Cost)을 낮추는 것이다. 앞서 살핀 고객 획득(Acquisition)이나 추천(Referrral)도 모두 고객 획득비용을 낮추기 위한 방편이다. 이 외에도 다소 시간이 걸리더라도 인바운드 마케팅(inbound marketing)이나 검색엔진 최적화(SEO: Search Engine Optimization)처럼 유기적(organic)으로 유입되는 고객을 늘리는 콘텐츠를 꾸준히 축적하는 노력을 기울이는 것도 좋은 방법이다. 유료 광고를 집행하더라도 클릭당 비용(CPC: Cost per Click)이 낮은 상품을 구성하거나 입찰 전략, 타겟팅 전략을 잘 세우면 모객 단가가 낮아진다. 모두 좋은 방법이지만 매출 분석 단계에서는 일반적으로는 리타겟팅(re-targeting)과 리마케팅(re-marketing)을 통해 고객을 재활성화하는 영역의 중요성이 높은 편이다.

리타겟팅과 리마케팅을 뒤섞어 쓰는 경우가 비근하지만 다르다. 리타겟팅은 웹사이트와 상호작용한 적이 있지만 전환에 이르지 않은 고객을 타겟팅해 광고와 마케팅을 펼치는 온사이트 리타겟팅(On-site retargeting)과 전환을 일으킨 고객과 비슷한 특성을 가진 유사고객을 찾는 오프사이트 리타겟팅(Off-site retargeting)을 통틀어 이른다. 리마케팅은 제품 및 서비스를 경험했지만, 장시간 휴면 상태에 있는 고객의 주의를 환기시켜 재활성화하는 것을 말한다. Outbrain의 조사에 따르면 통상적으로 웹사이트 방문자의 2~4%만 구매 전환될 뿐이다. 웹사이트에 방문했다는 사실은 고객이 우리 제품 및 서비스에 조금이라도 관심을 가졌음을 의미한다. 그러므로 아예 무관심한 신규 고객을 유치하기보다 온사이트 리타겟팅 또는 리마케팅을 통해 전환되지 않은 96~98%의 사람들을 설득하는 것이 더 비용 효율적이다. 같은 맥락에서 페이스북, 구글 등 광고사업자가 DMP(데이터관리플랫폼: Data Management Platform)에 분석해둔 정보를 바탕으로 우리 상품을 구매한 사람과 비슷한 속성의 사람들을 골라 오프사이트 리타겟팅 마케팅 노력을 집중하면 더 높은 전환율을 기대할 수도 있다.

| 고객이 관심 가졌던 제품의 리타겟팅 쇼핑 광고를 쉽게 볼 수 있다.

매출 분석의 두 번째 방향은 경로를 줄여 전환율을 높이는 것이다. 웹사이트든 모바일앱이든 고객이 랜딩페이지로 들어와 전환에 이르기까지 단계가 늘어나면 매 단계에서 추가적인 이탈(bounce)이 발생한다. 유입부터 결제

까지 거리가 멀수록 전환이 일어날 확률은 희박해진다. 그러므로 고객의 구매 여정을 관찰한 퍼널 분석(Funnel Analysis)을 통해 경로를 단축하는 노력이 필요하다.

세 번째는 제품 및 서비스의 고객 1인당 평균 매입액(Customer Transaction)을 끌어 올리는 것이다. 객단가를 높이는 방법은 여러 가지이다. 상품의 가격을 인상하는 직접적인 조치도 있고, 함께 쓰면 좋은 상품을 엮어 묶음 할인해주는 교차판매(Cross Selling)도 가능하다. 사은품을 제공하면서 제품가에 포함하는 얄팍한 수법을 쓰기도 하며, 일반과 프리미엄 라인으로 다채로운 등급을 구성해 상향 이동판매(Upstream Selling)를 유도하기도 한다. 어떤 방법을 쓰든 객단가를 높이려면 현재 고객이 실제로 얼마나 비용을 지불하고 있는지 가입자당 평균 수익(ARPU: Average Revenue Per User)을 토대로 고객 생애 가치(CLV: Customer Life Value) 파악이 선행되어야 한다.

$$CLV = \frac{(M-c)}{1-r+i} - AC$$

M: 고객 1일당 평균 매출, 1년 단위로 계산
c: 고객 1인당 평균 비용, 1년 단위 계산
r: 고객 유지 비율, 다음 해에도 남아 있을 확률
i: 이자율, 할인율
AC: 고객 획득 비용, 고객이 첫 방문 또는 첫 구매를 하도록 하는데 드는 비용

마지막으로 생애 가치가 높은 고객이 주로 어떤 경로로 랜딩페이지에 들어오는지 유입 채널을 파악하여 해당 채널의 깔때기 입구를 넓히는 노력을 기울인다.

리타겟팅으로 고객 획득 비용 낮추기

구글이 매우 흥미로운 웹사이트 방문자 통계를 제시했다. 웹사이트 방문자가 100명이라면 이 중 70명은 상품 페이지를 제대로 읽어 보지도 않고 나가 버린다. 상품 정보를 읽은 30명 모두가 상품을 장바구니에 담는 것도 아니다. 18명은 상품 페이지를 살펴본 후 사이트를 떠나 버리고 단지 12명만이 제품을 장바구니에 담는다. 장바구니 담기에 성공해도 장애물은 남아 있다! 12명 중 6명은 결제 정보를 입력하다가 도중에 나가 버린다. 겨우겨우 결제 정보를 입력했지만, 다시 2명은 최종적으로 결제하지 않고 이탈한다. 100명이 방문했지만, 마지막 구매 완료에 이르는 사람은 달랑 4명에 그친다.

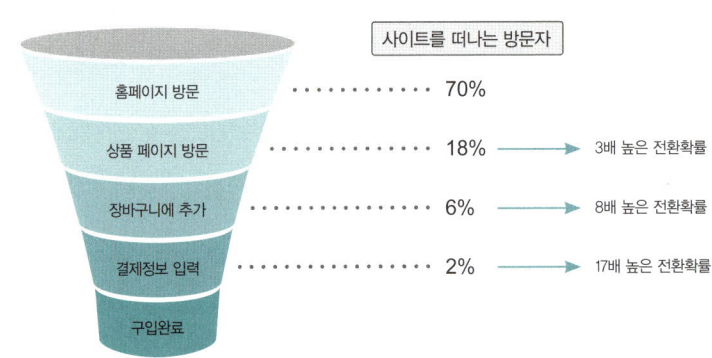

| 구매 단계별 이탈률과 리타겟팅 전환 확률

애써 모은 방문자의 구매 전환율이 4% 안팎에 불과하다는 점은 슬프지만 희소식도 있다. 일단 상품 페이지에 들렀다면 그렇지 않은 사람보다 전환 가능성이 3배 높다고 해석할 수 있다. 장바구니 담기 단계까지 진행했다면 8배나 높아지며, 결제 정보를 입력한 사람은 무려 17배나 높은 전환 확률로 계

산된다. 신규 고객 유입보다 전환에 이르지 않은 30%의 고객을 전환으로 유도하는 리마케팅이 매출 증대에 더 효과적이다.

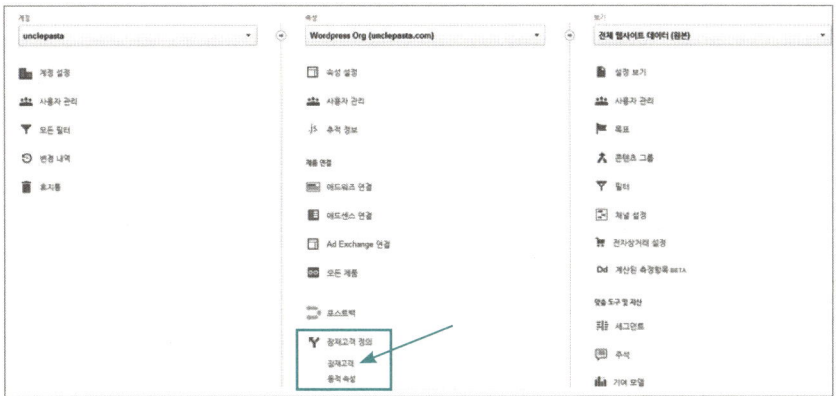

| 구글 애널리틱스 관리 → 속성에서 잠재고객을 설정한다.

구글 애널리틱스에서 리타겟팅 목록을 만들려면 관리 → 속성에서 잠재고객을 정의한다. 특정한 전환 목표에 도달한 사용자만 추려내거나 특정 페이지를 방문한 사용자를 선별해 낼 수도 있으며, 재사용자 또는 신규 고객만 대상으로 삼을 수도 있다. 최근 30일 이내에 방문했던 사람만 골라내거나 사이트를 방문한지 2달이 넘은 사람만 리타겟팅할 수도 있다. 우리 웹사이트에 10분 이상 머물렀던 사람 중 25~32세의 서울에 거주며 한국어를 사용하고 미용실을 자주 방문하는 남성으로 대상을 좁히는 것도 가능하다.

그뿐만 아니라 이벤트 트래킹[42] 데이터를 활용해서 만든 세그먼트를 리타겟팅 대상으로 삼을 수도 있다. 웹사이트에 걸린 특정 배너를 클릭한 사람을 잠재고객으로 만들어 리마케팅하는 것이다. 웹사이트나 모바일 앱에서 특정

---

42. 4장 Activation/retention 분석의 이벤트 트래킹 항목을 참고.

상호작용한 고객을 선택적으로 리타겟팅함으로써 전환 확률을 높일 수 있고, 첫 전환에 이르게 하는 고객 획득 비용을 낮출 수 있다.

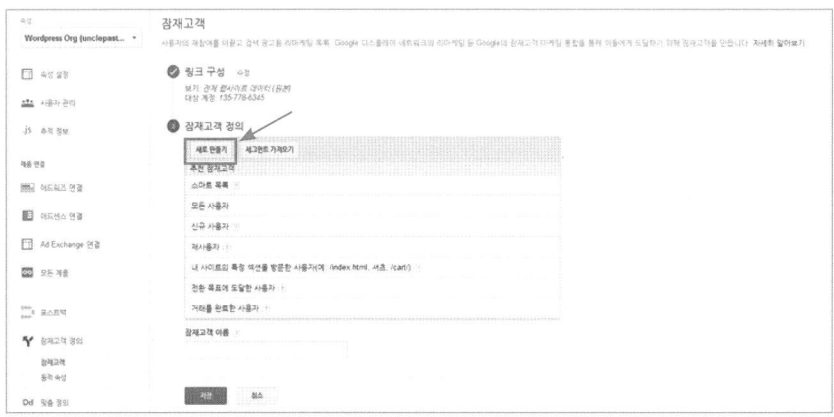

| 인구통계나 사이트에서의 행동으로 잠재고객을 만들거나 세그먼트를 불러올 수 있다.

구글 애널리틱스로 만든 리타겟팅 목록은 구글 애즈(ads)[43]로 연동해서 보낼 수 있다. 구글 애즈는 구글 마케팅 플랫폼 중 하나로서 구글 검색, 유튜브, 디스플레이 네트워크, 구글 지도, 구글 플레이 등 약 200만 개의 웹사이트와 65만 개 앱 등에 광고를 싣는 도구이다. 구글 애널리틱스에서 만든 리타겟팅 명단을 구글 애즈로 보내 이들이 유튜브에서 동영상을 볼 때, 정보를 검색할 때, 모바일 앱을 다운 받고, 신문이나 블로그를 읽을 때 사이트 재방문을 요청하고 전환을 유도하는 광고를 전달할 수 있다.

한발 더 나아가 구글 애즈가 수집한 방대한 이용자 데이터베이스에서 구글 애널리틱스가 감지한 온사이트 리타겟팅(onsite retargeting) 목록의 사람들과 비슷한 특성을 가진 잠재고객을 찾아내기도 한다. 전환되었거나 전환 가능

---

43. ads.google.com/intl/ko_KR/home/ – 구글 애드워즈(adwords)에서 구글 애즈(Google Ads)로 명칭 변경을 했다.

성이 높은 유사 고객, 오프사이트 리타겟팅(offsite retargeting) 대상에게 마케팅 노력을 집중함으로써 고객 획득 비용을 낮출 수 있는 것이다.[44]

| 구글 애널리틱스로 만든 리타겟팅 목록을 구글 애즈와 공유 가능하다.

---

44. 구글 애즈의 상세한 활용 방법은 [매출을 높이는 실전 구글 광고 마케팅] 도서를 참고하기 바란다. (book.naver.com/bookdb/book_detail.nhn?bid=14840770)

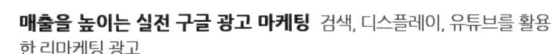

퍼널 분석으로 이탈률 낮추기

마케팅 퍼널(Marketing Funnel)이란 구매 여정이 진행됨에 따라 고객의 관심사와 행동이 달라지는 각 단계를 시각화한 깔때기를 말한다. 단계가 넘어갈 때마다 이탈하는 사람이 발생하므로 마케팅 퍼널은 입구가 넓고 끝으로 갈수록 좁아지는 고깔 모양이라 마케팅 깔때기라 부른다. AIDA, ABCDEF나 ARM, AARRR 등 거의 모든 분석 모델이 마케팅 퍼널의 단계를 정의하는 방법이 다를 뿐 넓은 의미에서는 모두 퍼널 분석 모형이라 할 수 있다.

| 퍼널 분석이란 구매 여정 단계별 고객 행동을 분석하는 것이다.

매출 분석 단계에서 퍼널을 들여다 보는 이유는 구매 여정을 여러 단계로 나누는 방식으로 언제, 어디서, 어떻게 이탈하는지 고객의 행동을 관찰하고, 이탈 지점과 원인을 파악하여 문제점을 개선해내고 전환율을 높일 수 있기 때문이다. 고객 획득(Acquisition)과 활성화(Activation), 유지(Retention) 및 추천(Referral)의 각 단계를 최적화함으로써 고객의 이탈을 방지하려는 것이다. 제아무리

퍼널의 각 단계를 최적화하는 전략 실행이 가능하다고 해도 없느니만 못하다는 진리를 놓치지 말아야 한다. 퍼널은 짧을수록 좋다.

> 쉽게 말해 퍼포먼스 마케팅은, 깔때기의 꼭짓점(마케팅의 목표 지점)까지 고객을 데려오는 과정을 설계하고 최적화하는 일이다. 예를 들어 매체 광고를 통한 캠페인을 진행한다고 가정해보자. 사용자가 광고 배너를 클릭하고, 앱이나 서비스를 설치하고, 제품을 선택하고, 최종 결제를 하는 전 단계에서 수많은 사용자 이탈이 발생한다. 배너 광고가 1,000명의 대중에게 노출돼도, 단계마다 50%씩 빠져나가면 고작 7, 8명이 남는다. 현실에서는 이탈률이 50%를 넘어간다. 이 단계들을 대폭 줄여, 사용자 이탈 기회를 최소화하는 것이 캠페인 최적화라고 볼 수 있다.
>
> – 렌딧 박지희 마케팅 총괄 이사(platum, 2017)

구글 애널리틱스에서 퍼널을 분석하려면 뷰(View)의 목표를 이용한다. 목표의 이름과 설명을 적은 후 목표 세부정보에서 최종 달성하고자 하는 전환 목표(Goal)를 정한다. 고객이 전환 목표에 도달할 때까지 이용하는 고객 서비스 이용 단계를 적어 준다.

막상 퍼널을 등록하려니 사이트 내에서 고객이 콘텐츠를 소비하는 흐름을 잘 모르겠다면 행동 보고서를 참고하면 된다. 구글 애널리틱스의 행동 보고서는 고객이 어느 페이지에 가장 많이 머물며, 어느 페이지에서 우리 사이트를 떠나는지, 고객이 사이트에 체류하는 동안 소비하는 콘텐츠, 사이트 속도, 검색, 이벤트, 게시자 등 퍼널을 구성하고 개선 지점을 확인하는데 필요한 다양한 정보를 제공해준다.

| 목표 세부정보에서 퍼널을 설정해준다.

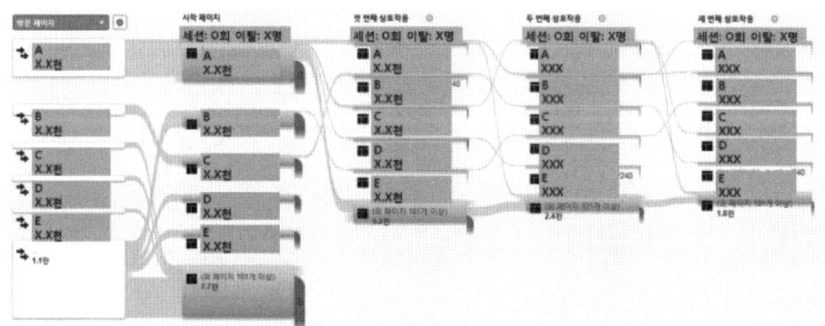

| 퍼널의 각 단계는 행동 보고서를 참고해 작성한다.

전환 목표에 대한 유입 경로 정보(퍼널 정보)가 설정되면 전환 보고서에서 해당 목표를 선택하여 시각화된 퍼널 정보를 볼 수 있다. 퍼널 각 단계의 진행률을 참고하여[45] 이탈이 많이 발생하는 단계를 없애거나 간소화하는 개선안을 마련해야 한다. 예를 들어 장바구니와 결제 페이지를 분리하지 않고 한 화면으로 처리한다거나 구매 결정에 도움을 주지만 필수는 아닌 정보를 효과적으로 배치하는 방식으로 랜딩페이지에서 구매 전환까지 이르는 프로세스를 개선해 낼 수 있다.

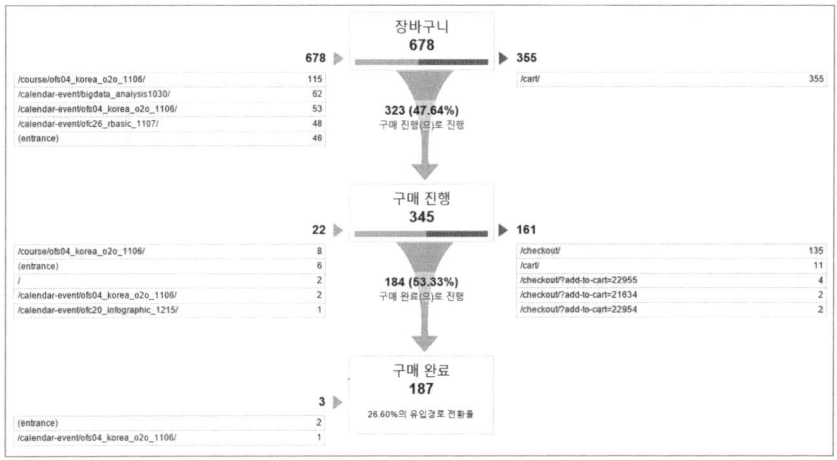

| 구글 머천다이즈 스토어의 퍼널 전환 보고서

---

[45] 퍼널 분석을 위한 축적된 데이터가 없다면 구글 머천다이즈 스토어(shop.googlemerchandisestore.com)의 공개 정보를 이용해보자. 이 쇼핑몰은 구글, 유튜브, 안드로이드 등의 기념품을 실제로 판매한다. 구글 애널리틱스 데모 계정에서 머천다이즈 스토어의 실 데이터를 열람할 수 있다.

ARPU(객단가) 높이기

퍼널 분석은 단순히 고객이 전환되었는가 여부를 다룰 뿐 전환의 가치는 보여주지 않는다. 최종 결제를 완료한 고객이라도 누구는 5,000원어치를 사고, 누구는 100,000원어치를 샀을 수 있다. 퍼널 분석에서는 이 둘을 똑같이 전환 1회로만 취급할 뿐 각 고객이 어떤 제품을 샀는지, 얼마나 샀는지 등은 확인되지 않는다. 이런 약점을 보완하려면 전자상거래(eCommerce) 정보가 필요하다.

일단 구글 애널리틱스의 뷰(View)의 전자상거래 설정을 켠다. 전자상거래 셋업을 진행하려면 구글 애널리틱스의 기본 추적 코드 외에 구매 완료 페이지에 ecommerce.js 플러그인을 호출하고, 결제 정보와 제품 정보를 받아 구글 애널리틱스로 전달하는 코드를 추가해야 한다. 다음 코드에 달린 주석을 참고해 기업 상황에 맞게 편집해 구매 완료 페이지에 삽입하자.

```
<script>
(function(i,s,o,g,r,a,m){i['GoogleAnalyticsObject']=r;i[r]=i[r]||function(){
(i[r].q=i[r].q||[]).push(arguments)},i[r].l=1*new Date();a=s.createElement(o),
m=s.getElementsByTagName(o)[0];a.async=1;a.src=g;m.parentNode.insertBefore(a,m)
})(window,document,'script','//www.google-analytics.com/analytics.js','ga');
ga('create', 'UA-xxx-xxx', 'xxx.com');
ga('require', 'ecommerce', 'ecommerce.js'); // ecommerce.js 로딩
  // 트랜잭션 상세 정보
  ga('ecommerce:addTransaction', {
  'id': '<?php echo $order_id;?>', // Transaction ID - 주문번호
  'affiliation': '<?php echo get_option( "blogname" );?>', // affiliation - 상점명이나 쿠폰명 정보
  'revenue': '<?php echo $order->get_total();?>', // Total - 총 금액(최종 결제액)
  'shipping': '<?php echo $order->get_total_shipping();?>', // shipping - 고객 부담 배송비
  'tax': '<?php echo $order->get_total_tax();?>', // Tax - 부가가치세(VAT)
  'currency': '<?php echo get_woocommerce_currency();?>' //Currency - 사용 통화 정보
    });
```

```php
<?php
    // 구매상품에 대한 상세 정보
    if ( sizeof( $order->get_items() ) ) > 0 ) {
        foreach( $order->get_items() as $item ) {
            $product_cats = get_the_terms( $item["product_id"], 'product_cat' );
            if ($product_cats) {
                $cat = $product_cats[0];
            } ?>
            ga('ecommerce:addItem', {  // addItem - 상품 정보 추가시 반복되는 부분
                'id': '<?php echo $order_id;?>',  // id - 주문번호
                'name': '<?php echo $item['name'];?>',  // name - 상품명
                'sku': '<?php echo get_post_meta($item["product_id"], '_sku', true);?>',
//sku - 상품코드
                'category': '<?php echo $cat->name;?>',  // category - 상품 카테고리
                'price': '<?php echo $item['line_subtotal'];?>',  // price - 상품 판매가
                'quantity': '<?php echo $item['qty'];?>',  // quantity - 구매 상품 수량
                'currency': '<?php echo get_woocommerce_currency();?>'  // currency -
통화
            });
<?php
        }
    } ?>
    ga('ecommerce:send'); // 데이터 전송
    ga('send', 'pageview');
</script>
```

전자상거래 설정을 완료하면 사이트에서 실제로 발생하는 매출을 추적할 수 있다. 구글 애널리틱스 전환 보고서의 전자상거래 항목에 매우 다양한 보고서가 제시되니 차근차근 살펴보자.

전자상거래 보고서의 Product Performance 보고서는 각 상품별로 판매 수량이나 매출액, 장바구니 담기 비율 등을 보여준다. Sales Performance 보고서에서는 각 장바구니별 구체적인 매출 현황을 훑어볼 수 있다. 장바구니의 평균 매출액은 얼마인가? 평균보다 높은 매출을 기록한 사람들은 주로

| 마소캠퍼스 전자상거래 보고서 예시

무엇을 샀는가? 사람들이 주로 함께 담는 상품은 무엇인가? 매출 증대를 위해서는 전자상거래 보고서를 다각도로 들여다봐야 한다.

예를 들어 장바구니의 평균 매출이 14,000원이라면 15,000원 이상 구매 고객에게 사은품 옵션을 걸고 고객이 손쉽게 담을 수 있는 1,000원어치 상품을 추가하여 객단가를 높일 수 있다. 유독 함께 담기곤 하는 제품들이 있다면 묶음 할인판매하여 판매량을 늘리는 시도를 해보자. 고액 결제자들이 선호하는 제품이 있다면 일반 제품과 프리미엄으로 나누는 전략을 시도해 볼 수도 있다. 때로는 기업이 집중 판매하고자 하는 제품의 가성비가 돋보이도록 해당 상품보다 상위 또는 하위 상품을 구색용으로 추가하기도 한다.

VIP 고객은 어디에서 오는가?

기꺼이 지갑을 여는 고객은 반갑다. 전환 고객은 직접적인 매출 발생뿐만 아니라 기업이 집중적으로 마케팅을 펼쳐야 하는 잠재 고객의 특성을 알려주기도 한다. 실제로 많은 기업이 오프사이트 리타겟팅(off-site retargeting)을 이용해 페이스북 유사타겟이나 구글 유사 잠재고객 광고 등을 집행한다.

그런데 꼭 유료 광고 타겟팅에만 도움이 되는 걸까? 만약 우리가 전환 확률이 높은 고객이 주로 유입되는 채널이 어디인지 알 수 있다면 해당 채널에 인바운드 콘텐츠를 많이 배포하여 목표 고객에게 조금 더 쉽게 닿을 수 있지 않을까?

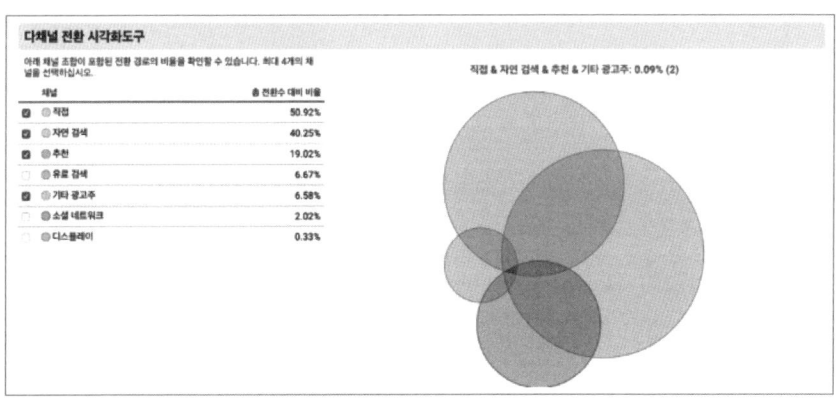

| 다채널 전환 보고서로 각 채널의 전환 기여도를 확인할 수 있다.

고객은 웹사이트에 한 번 들렀다고 해서 바로 전환에 이르지 않는다. 여러 번 다양한 채널로 접속하면서 제품 및 서비스에 대해 알아본 후 숙고 끝에 전환이 이뤄진다. 구글 애널리틱스의 다채널 보고서는 이러한 고객 행동을 추적하여 관련 정보를 제시해준다.

지원 전환 보고서에서는 고객이 처음 웹사이트에 발 들인 후 전환에 이르기까지 각 채널들이 어느 정도 지원했는지 알려준다. 축구 경기에서 골을 결정 짓는 마지막은 스트라이커지만 다른 포지션이 함께 도와 골을 만드는 것처럼 마케팅 채널도 서로 도와 고객을 전환으로 이끈다. 구매를 결정 지은 스트라이커가 어느 채널인지, 매 전환마다 스트라이커에게 축구공을 패스하고 기회를 만들어준 미드필더는 누구인지 마케팅 채널들의 상호 작용을 확인할 수 있다.

| 다채널 보고서 중 인기 전환 경로 보고서

인기 전환 경로 보고서는 고객이 전환에 이르기까지 몇 개의 채널을 어떤 순서로 지나왔는지 경로를 보여준다. 첫 출발점에 추천(referral)이 많다면 기업의 콘텐츠 마케팅(viral marketing) 노력이 결실 맺는 것으로 볼 수 있으며, 제품의 브랜드 인지도가 높고 충성 고객이 많을수록 Direct의 비중이 높아진다. 이 외에도 고객을 획득한 시점부터 전환에 이르기까지 어느 정도 시간이 걸렸는지 파악할 수 있는 시간 지연 보고서, 고객이 전환에 이르기까지 이뤄진 상호

작용 횟수를 보여주는 경로 길이 보고서 등도 참고할 만하다.

불특정다수 고객의 다채널 전환 정보를 확인하는 것 외에 좀 더 구체적인 방법도 있다. 전환 횟수가 많고, 전환 금액이 높은 VIP고객을 따로 떼어내 이들의 행동을 관찰하는 것이다. 이 방법은 전자상거래 셋업이 활성화되어 있어야 가능하다.

| 전자상거래 정보를 바탕으로 세그먼트를 만들 수 있다.

먼저 세그먼트의 전자상거래에서 매출(Revenue) 5만 원 이상, 행동(Behavior)은 거래(transactions) 2건 이상 등의 조건을 만족하는 사용자를 VIP 고객 세그먼트로 만든다. 획득 보고서의 트래픽 → 채널에서 알짜 고객 세그먼트를 선택하면 이들이 주로 어느 경로를 통해 랜딩페이지에 유입되었는지 확인할 수 있다. VIP 고객의 유입 경로를 따로 떼어 보면 거의 항상 직접(Direct)이 가장 높다. 거래(transactions) 횟수가 높을수록 direct의 비율이 높아지는 경향이 있으므

로 두 번째 순위를 기록한 유입 경로 위주로 비중을 점검해야 한다.

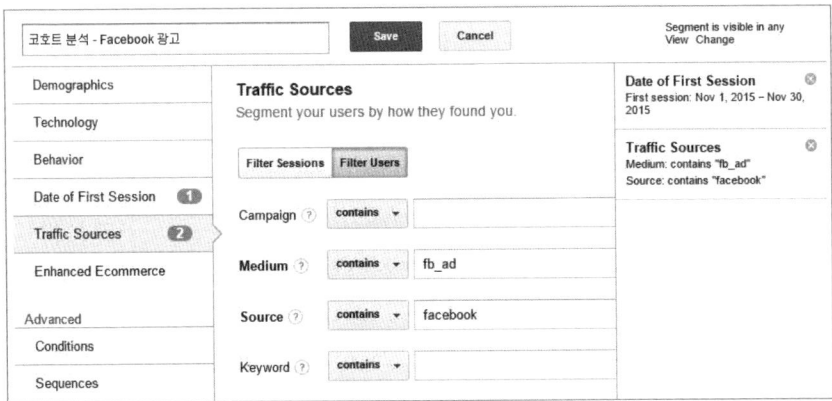

| VIP 고객 유입 경로를 콘텐츠 마케팅 거점으로 삼자.

전자상거래 데이터로 세그먼트를 만드는 기능은 기업에 시도해볼 만한 창의적 통찰을 제공한다. 예를 들어 검색 광고를 통해 유입된 사람들은 블로그를 검색해 들어온 사람들보다 더 자주 물건을 구매하는가? 페이스북 광고로 모은 고객이 구글 광고로 유입된 고객보다 구매 전환율이 더 높은가? 25~34세 여성을 대상으로 펼친 지난번 캠페인과 이번 캠페인으로 유입된 고객들의 전환 가치는 어느 쪽이 더 높은가? 매출을 높이기 위한 다양한 아이디어는 어느 날 꿈에 번쩍 떠오르지 않는다. 전자상거래 데이터를 계속 들여다보며 여러 세그먼트를 정의하고, 다각도로 비교하고 고심하는 가운데 발굴되는 것이다.

GROWTH HACKING

CHAPTER

07

알아두면 편리한 그로스해킹 도구

— CHAPTER —
07
알아두면 편리한 그로스해킹 도구

실력 있는 대장장이는 연장을 탓하지 않는다지만 그로스해킹은 속된 말로 장비발이 필요하다. 애초에 그로스해킹이란 IT 기술과 데이터를 토대로 한다. 더 많은 정확한 데이터, 보다 다각도로 패턴을 분석해내는 도구를 사용함으로써 가설은 흥미로워지고, 실험은 빨라지며, 적용은 쉬워진다. 물론 구글 애널리틱스는 사실상 표준인 유용한 도구지만, 다른 도구와 함께 활용해서 상호 약점을 보완하며 더 큰 시너지를 기대할 수 있다.

Organizing Information

- **Git Hub (github.com):** 오픈 소스와 비공개 프로젝트를 위한 협업 툴

- **Trello (trello.com/):** 보드와 리스트, 카드를 사용하여 유연한 방식으로 프로젝트를 구성하고 우선순위를 지정할 수 있는 툴

- **Coggle (coggle.it/):** 심플한 UI가 특징인 온라인 마인드맵 툴. 다운로드 하지 않아도 로그인만으로 바로 사용 가능

- OptimalSort (www.optimalworkshop.com/optimalsort): 온라인 카드 소팅 서비스

- EVERNOTE (evernote.com/intl/ko): 메모 기능을 기반으로 다양한 파일 첨부와 웹 페이지 스크랩 등이 가능한 노트 클라우드 서비스

- mindmeister (www.mindmeister.com/folders): 브레인스토밍, 메모, 프로젝트 기획 용도 등으로 사용할 수 있는 온라인 마인드맵 도구

- Lucidchart (www.lucidchart.com/pages/): 다이어그램 및 플로우 차트. Confluence, JIRA, 구글 드라이브, MS오피스 등으로 내보내기 가능

Wire-framing

- Microsoft Visio (products.office.com/ko-kr/visio/flowchart-software): 정보 시각화 툴. 고급 다이어그램, 프로세스 모델링, 데이터 시각화 기능을 갖추고 있으며 와이어프레임 용도를 위한 별도 가이드 제공 중

- moqups (moqups.com/): 와이어프레임, 목업, 다이어그램, 프로토타입을 공동으로 작업 할 수 있는 툴

- UXPin (www.uxpin.com/): 픽셀 단위의 와이어프레임 작업부터 자유로운 인터랙션 삽입, HTML을 활용한 공유 및 버전 관리, 작업물에 대한 공동 커뮤니케이션이 가능한 툴

- axure (www.axure.com/): UXPin과 마찬가지로 픽셀 단위 와이어프레

임 작업은 물론 인터랙션 삽입과 HTML 기반 공유, 버전 관리, 공동 커뮤니케이션을 할 수 있는 프로토타이핑 툴

- wireframe.cc (wireframe.cc/): 별도의 서비스 다운로드 필요 없이 바로 시작할 수 있는 미니멀 와이어프레임 툴

- pidoco (pidoco.com/en): 협업과 내보내기가 손쉬운 온라인 와이어프레임 툴

- balsamiq (balsamiq.com/): 웹 기반 목업 서비스. JIRA, Confluence, Google Drive와 연동됨

Prototyping

- Sketch3 (www.sketch.com/): Symbols과 Shared Style 등을 통해 빠르게 UI 요소를 만들고, 재플린과 연동하여 개발자와 손쉽게 결과물을 공유할 수 있는 툴

- Protopie (www.protopie.io/): 3D 터치와 디바이스 센서를 활용한 인터랙션까지 구현 가능한 프로토타이핑 툴

- Origami (origami.design/): 맥용 프로토타이핑 툴. 스케치와 연동되며 실시간으로 결과물 확인 가능

- Marvel (marvelapp.com/): 스케치, 포토샵과 연동 가능한 프로토타이핑 툴

- FLINTO (www.flinto.com/): 맥에서 구동 가능한 프로토타이핑 툴

- Invision (www.invisionapp.com/): 빠르고 간단히 GUI 디자인에 인터랙션을 추가하고 의견을 추가하여 피드백을 주고받을 수 있는 툴

Visual Analytics

- Beusable (www.beusable.net/): 서비스상의 사용자 행동 데이터를 히트맵, 스트림 등으로 시각화하여 제공하는 서비스

- Clicktale (www.clicktale.com/): 디지털 고객 경험 및 웹 애널리틱스, 히트맵을 통해 사용자 로그 데이터를 시각화

- Hotjar (www.hotjar.com/): 구글 태그매니저, unbound, 워드프레스 등과 연동되는 비주얼 애널리틱스

- tealeaf (www.ibm.com/kr-ko/digital-marketing/tealeaf): IBM의 Customer behavior Analytics로 히트맵 등의 기능 제공

- mouseflow (mouseflow.com/): 사용자 행동 데이터를 히트맵으로 시각화하여 제공

- Ptengine (www.ptengine.com/): 히트맵 & 웹 애널리틱스 플랫폼

- Crazyegg (www.crazyegg.com/): 히트맵과 스크롤맵을 통해 전환율 개선에 도움을 주는 비주얼 애널리틱스

Analytics & Metrics

- Google Analytics (analytics.google.com/analytics/web/): 전 세계에서 가장 많이 사용되고 있는 웹 애널리틱스

- Mixpanel (mixpanel.com/): 서비스 사용자를 지목하여 해당 사용자의 활동을 모두 조회할 수 있는 기능을 제공하는 분석 툴

- Adobe Analytics (www.adobe.com/kr/analytics/adobe-analytics.html): 기여도 및 세그먼트 분석은 물론 고급 머신 러닝의 웹애널리틱스

- webtrends (www.webtrends.com/): 웹 사이트 분석, 측정, 테스팅 등을 실시할 수 있는 웹 최적화 툴

- KISSmetrics (www.kissmetricshq.com/): 마케터와 제품 담당자를 위해 제작된 행동 분석 툴

- Clicktale (www.clicktale.com/): 경로, 전환율 등을 분석할 수 있는 기능 제공

- tealeaf (www.ibm.com/kr-ko/digital-marketing/tealeaf): 기본적인 분석 기능과 함께 KPI를 자유롭게 설정할 수 있으며 대시보드 형태로 수치 제공

- Beusable (www.beusable.net/): 실무에 꼭 필요한 핵심 지표와 퍼널, 사용자 경로 분석 기능을 제공

A/B Testing

- Google Optimize (optimize.google.com/optimize/home/): HTML 지식 없이도 단 몇 시간 만에 디자인부터 테스팅 환경 구축까지 끝낼 수 있는 구글의 AB테스팅 툴

- Optimizely (www.optimizely.com/): 구글 옵티마이즈를 개발한 엔지니어들이 나와 만든 AB 테스팅 서비스. 마이크로소프트, 넷플릭스 등 고객 보유

- VWO (vwo.com/): 포인트 앤 클릭 에디터로 HTML 지식이 없어도 누구나 테스팅 페이지를 제작하여 테스트를 시작할 수 있는 툴

- Abode Target (www.adobe.com/kr/marketing/target.html): 클릭 몇 번만으로 페이지를 제작하여 테스트를 시작할 수 있는 A/B 및 다변량 테스트(MVT) 툴

- unbounce (unbounce.com/): 랜딩 페이지와 캠페인 페이지를 전용 에디터를 제공해서 누구나 쉽게 디자인하여 바로 테스트까지 해볼 수 있는 툴

- Beusable (www.beusable.net/): A/B 테스팅 결과를 히트맵과 스트림 등 시각화된 결과를 제공 해서 비교 분석할 수 있는 서비스

- AB TASTY (www.abtasty.com/): 비주얼 에디터와 고유 위젯 라이브러리를 통해 쉽게 페이지를 수정하고 바로 테스트에 임할 수 있게 하는 서비스

Record Users

- hotjar (www.hotjar.com/): 사용자의 마우스 움직임과 입력 데이터 정보를 알려주는 세션 리플레이 기능 제공

- Jing (jing.en.softonic.com/download): 스크린숏 캡처 서비스. Jing과 동일 기업이 만든 Snagit, Camtasia 와 연동하여 사용할 것을 권장하고 있음

- lookback (lookback.io/): 사용자의 화면과 얼굴, 음성, 터치를 별도의 장비 없이 사내 또는 원격으로 기록할 수 있는 서비스

- try my UI (www.trymyui.com/): 유저 테스팅 비디오 분석 시간을 획기적으로 줄이고 효율적으로 공유하여 관리할 수 있도록 도와주는 툴

- tealeaf (www.ibm.com/kr-ko/digital-marketing/tealeaf): 유저별 세션 리플레이 기능 제공

- what users do (app.whatusersdo.com/): 사용자의 서비스상 움직임, 행동, 내뱉는 말 등을 비디오 레코딩으로 지원해주는 툴

- crazyegg (www.crazyegg.com/): 사용자의 마우스 움직임을 리플레이할 수 있는 기능 제공

Online Surveys

- Polldaddy (crowdsignal.com/): 질문과 답변 개수에 제한 없이 설문지를 작성할 수 있도록 지원하는 서비스. 강력한 결과 리포팅 기능 제공

- hotjar (www.hotjar.com/): 모든 디바이스에서 반응형 서베이를 실시할 수 있도록 지원

- Survey Nuts (surveynuts.com/): 사용자가 온라인 및 모바일 설문지를 신속하게 작성하고 답변을 수집하여 그 결과를 그래픽으로 볼 수 있도록 도와주는 서비스

- Survey Monkey(ko.surveymonkey.com/): 세계 최대 온라인 설문조사 서비스. 실시간으로 그래픽 처리된 결과 열람 가능

- Survey gizmo (www.surveygizmo.com/): 40가지가 넘는 질문 유형, 커스텀 테마 빌더, 반응형 테마, 번역 등의 강력한 기능 제공

- QuestionPro (www.questionpro.com/): 소프트웨어, 고객 만족도, 시장 조사, 직원 만족도 조사 등을 실시할 수 있는 온라인 설문조사 툴

- Google Docs Survey (www.google.com/intl/ko_kr/forms/about/): 구글에서 제공하는 무료 설문조사 서비스. 모든 디바이스에서의 반응형 서베이 제공이 되며, 머신러닝을 적용한 설문문항 지원 기능 제공

Capture In-site Feedback

- LiveChat (livechat.com/): 전 세계 140개국 1만 9천 이상의 고객이 사용 중인 비즈니스를 위한 프리미엄 라이브 채팅 및 헬프 데스크 툴

- mouseflow (mouseflow.com/): 특정 잠재 고객을 위한 대화형 설문조사를 만들어 사용자가 문제를 경험할 때 피드백을 제공할 수 있는 툴

- hotjar (www.hotjar.com/): 사용자에게 설정된 이벤트와 타깃팅 시간에 맞게 질문을 보낼 수있는 피드백 폴 기능 제공

- Qualaroo (qualaroo.com/): 자유롭게 편집 가능한 디자인의 레이어와 2분 만에 바로 셋업 하여 시작할 수 있는 것이 특징인 설문조사 툴

- KAMPYLE (www.medallia.com/): 반응형 레이어를 지원하며 자동으로 타깃팅된 고객에게 지정된 시간에 맞춰 설문조사를 실시할 수 있는 서비스

- iperceptions(www.iperceptions.com/): Adobe, DELL, AUDI 등 글로벌 기업이 사용하고 있는 설문조사 툴

Testing Layouts Remotely

- Chalkmark (www.optimalworkshop.com/chalkmark): 온라인 및 원격으로 스크린샷을 테스팅할 수 있는 툴

- UsabilityHub (usabilityhub.com/): 홈페이지 첫인상, 사용자가 설계 의도대로 수행했는지 여부 등을 간단히 질문하며 테스트할 수 있는 툴

- UsersThink (usersthink.com/): 사이트의 특정 페이지를 선택하여 해당 페이지에 대한 의견을 실제 미국 전역의 사용자에게 발송해 24시간 내 서면 결과로 받아볼 수 있는 서비스

저자의 말

무언가 그럴듯한 마케팅 아이디어 하나만 내놓으면 눈 깜짝할 사이에 벼락부자가 될 수 있을 것이라는 기대가 '그로스해킹'이란 용어에 대한 많은 이들의 시선이다. 이 책을 여기까지 정말 제대로 잘 읽어왔다면, 그러한 기대는 머릿속에서 싹 다 지워졌기를 바란다. 그래도, 아이디어 하나만으로 대박 날 수 있을 것 같은 기대가 남아있다면, 처음부터 이 책을 다시 읽기를 바란다. 무엇인가 쉬워 보이고, 빠르기만 해 보이는 성공이란 빙산 밑에는 반드시 그보다 더 거대한 것들이 숨어 있다는 명언을 항상 되뇌고자 한다. .

이 책을 완성하기까지 시행착오를 기반으로 한 많은 경험이 필요했으며, 그에 못지않은 많은 도움도 받았다. 바라건대, 이 자리를 빌려 주위의 모든 이들에게 감사의 말을 전하고 싶다.

특히 공저자로 세 번째 도서를 함께 집필한 최정아에게 존경과 감사를 표하고 싶다. 이 책 곳곳에는 최정아의 시간과 노력이 스며들지 않은 곳이 없다.

4차 산업혁명 분야에 대한 Actionable Contents 전달을 목표로 하는 필자에게 교육환경에서 다양한 기회를 제공해주시고, 많은 조언을 해주시는

한양대 신현상 교수님께 진심 어린 감사의 말씀을 전하고 싶다.

또한 올해 마소캠퍼스의 투자자로 함께 길을 걸어 나가기 시작한 강수현 대표님께 감사의 말씀을 드리고 싶다. 앞으로 필자에게 교육환경에서의 많은 사업적 통찰과 조언을 부탁드리고자 한다.

그리고, 친구이자 멘토로서 사업에서의 여러 고민들에 대해서 항상 진심 어린 조언을 해주고 있는 스마일게이트 권혁빈 회장에게 마음에서 우러나오는 고마움을 전하고 싶다. 이미 성공한 사업가의 길로 들어섰지만, 여전히 다양한 시도와 도전을 진행 중인 그 길에 더욱더 의미 있는 결과가 있을 것이라 믿으며, 그 용기와 열정에는 무한한 존경과 신뢰를 보내고자 한다.

마지막으로, 언제나 정신없이 몰아치는 변화 속에서도 변함없이 늘 옆에서 격려해주고 지원해주는 내 가족, 그중에서도 내 아내와 찬우/민준에게 정말 고맙고, 사랑한다는 이야기를 전하고 싶다.

– 한국 송도에서 김 진

변화의 소용돌이 한가운데서 힘들게 쓴 책이 무사히 세상 빛을 보게 되어 기쁩니다. 원고를 쓰는 동안 얻은 것도, 잃은 것도 많았습니다. 모든 경험을 그러 모아 한 걸음 더 나아가고자 합니다. 끝까지 함께할 자상한 남편 홍진만 님과 내 인생 최고의 선물, 사랑스럽고 귀한 우리 아들 동균에게 감사합니다. 부모님들께도 고맙습니다. 특히 침침한 눈으로 딸이 쓴 원고라고 끝까지 한 자 한 자 읽어주는 엄마가 있어 늘 힘이 납니다. 모든 걸 이겨내겠습니다.

— 나 자신을 사랑하며 돌보는 최정아

참고자료

참고 도서

- Aladdin Happy, 『How I Create Growth Hacking Plan for Startup for $10,000』(producthunt.com, 2016년)
- Jeff Goldenberg, 『The Growth Hacker's Guide to the Galaxy』(Growth-HackerGuide.com, 2016년)
- 노상규, 『오가닉 비즈니스』(오가닉미디어랩, 2016년)
- 라이언 홀리데이, 『그로스해킹』(길벗, 2015년)
- 로저 마틴, 『디자인 씽킹』(웅진윙스, 2010년)
- 루크 윌리엄스, 『디스럽트』(황소자리, 2011년)
- 베리 페이그, 『핫버튼 마케팅』(해냄출판사, 2007년)
- 션 엘리스, 모건 브라운, 『진화된 마케팅 그로스 해킹』(골든어페어, 2017년)
- 아담 페넨버그, 『바이럴루프』(틔움, 2010년)
- 앨리스테어 크롤, 벤저민 요스코비츠, 『린 분석』(한빛미디어, 2014년)
- 에릭 리스, 『린스타트업』(인사이트, 2012년)
- 이재왕, 『애자일&스크럼 프로젝트 관리』(길벗, 2016년)
- 조나 버거, 『컨테이저스 전략적 입소문』(문학동네, 2013년)
- 조민희, 『그로스 해킹』(디지털북스, 2017년)
- 크리스티나 워드케, 『구글이 목표를 달성하는 방식 OKR』(한국경제신문, 2018년)

웹 분석 관련 웹사이트 & 블로그

- www.google.com/analytics
- analytics.blogspot.kr/
- www.optimizesmart.com
- academy.hubspot.com/
- analyticsacademy.withgoogle.com/
- allaboutetp.wordpress.com
- www.cbinsights.com/research/
- inc42.com
- medium.com/inside-viral-loops/
- bizspring.co.kr/website/ad-tech/BLOG/
- organicbusiness.pressbooks.com
- www.researchgate.net
- www.s-core.co.kr/insight/
- www.slideshare.net/ashmaurya/
- blog.leanstack.com/
- brunch.co.kr/@ebprux/63
- Growthhackers.com
- ppss.kr/archives/
- platum.kr/archives/